Regenwasser
sammeln und nutzen

Heinz-Alfred Losch

Regenwasser
sammeln und nutzen

Inhalt

Checklisten für die Berechnung und Wartung

Wasser sparen und Regenwasser nutzen

Trinkwasser ist ein kostbares Gut

Trinkwasser ist ein lebensnotwendiges Gut. Ohne Wasser gäbe es kein Leben auf der Erde. In Mitteleuropa sind wir in den meisten Regionen zwar in der glücklichen Lage, daß Wasser in ausreichender Menge zur Verfügung steht, doch zunehmende Umweltverschmutzung und der Raubbau an der Natur gefährden unsere Trinkwasserreserven in immer höherem Maße. Dazu gehören sowohl die Ableitung von Industrieabwässern wie auch die Überdüngung des Bodens in landwirtschaftlich intensiv genutzten Gegenden.

Hinzu kommt noch, daß unsere Ballungszentren einen sehr hohen Trinkwasserverbrauch haben, der von diesen Regionen nicht selbst aufgebracht werden kann. Großstädte wie Frankfurt saugen deshalb Wasser aus benachbarten Regionen wie dem südhessischen Ried oder dem Vogelsberg ab. Die Folge ist zunächst das teilweise bedrohliche Absinken des Grundwasserspiegels in diesen Bereichen, später treten Versalzung der Oberflächengewässer, versiegende Quellen und Bäche sowie sterbende Feuchtbiotope hinzu.

Wassernot und deren Folgen

In den trockenen Sommern der letzten Jahre haben wir in vielen Regionen die Auswirkungen der Trinkwasserknappheit zu spüren bekommen. Im Frankfurter Umland versuchten die Behörden gar mit Verboten für das Autowaschen, Rasensprengen und Blumengießen, ja selbst mit Aufrufen zu weniger Wannenbädern der Trinkwassernot Herr zu werden.

Dieser „Wassernotstand", der die Menschen dazu zwingt, Trinkwasser zu sparen, sorgte in vielen Gebieten bereits für ein Umdenken in der Bevölkerung und auch der Wasserwerker. Wasser sparen steht auf der Tagesordnung. Neben einer Reihe von technischen Maßnahmen wie dem Einbau von Sparsprudlern an den Wasserzapfstellen oder Spartasten für die Toilettenspülung ist in manchen Bereichen der Ersatz des kostbaren Trinkwassers durch

Süßwasservorkommen der Erde dienen nicht nur der Wasserversorgung, sondern auch der Erholung und Freizeitgestaltung

Durch zunehmende Umweltbelastungen und hohen Trinkwasserverbrauch sind Feuchträume sowie unsere Bäche und Flüsse gefährdet

Weniger als 3 Prozent des Wasservorkommens auf der Erde ist Süßwasser, wichtigster Rohstoff für die Trinkwassergewinnung

Es gibt eine Reihe von Maßnahmen, mit denen Sie Ihren Wasserverbrauch reduzieren können. Schon das regelmäßige Ablesen der Wasseruhr hilft, übermäßigen Verbrauch, wie er zum Beispiel durch tropfende Wasserhähne oder leckende Rohre auftreten kann, rechtzeitig zu erkennen und abzustellen.

Bei den meisten Toiletten kann die Spülmenge von 9 oder gar 12 Litern auf 6 Liter reduziert werden. Mit einer Spartaste läßt sich beim „kleinen Geschäft" noch mehr Wasser sparen. Absaugtoiletten kommen sogar mit einem Liter pro Spülung aus. Sparsprudler an den Wasserarmaturen verringern die Wassermenge, die durch den Hahn läuft, und sorgen dennoch für einen guten Strahl. Zum Händewaschen genügt so ein Wasserdurchfluß von etwa 5 bis 6 Litern pro Minute. Mit entsprechenden Sparbrausen läßt sich die Wassermenge beim Duschen auf knapp zehn Liter reduzieren. Ein kurzes Duschbad statt eines Wannenbades spart ebenfalls viel Wasser und Energie.

Moderne Hausgeräte wie Wasch- und Spülmaschinen sind mittlerweile wesentlich sparsamer als ihre Vorgänger. Bei der Reparatur älterer Geräte sollten Sie deshalb eine Vergleichskalkulation unter Berücksichtigung der eingesparten Wasserkosten bei einem neuen Hausgerät machen. Der Geschirrspüler soll übrigens mit weniger Wasser auskommen, als beim Spülen per Hand benötigt wird.

Beim Autowaschen auf dem eigenen Stellplatz wird nicht nur viel Wasser verbraucht. Verschmutzungen und Ölreste können das Grundwasser gefährden. Waschparks garantieren nicht nur die ordnungsgemäße Entsorgung des ölhaltigen Wassers, sondern gehen auch sparsamer mit dem kostbaren Naß um.

Wasser minderer Qualität möglich. Für technische Aufgaben genügt in vielen Fällen der Einsatz von Brauchwasser, wie es zum Beispiel von der Industrie preisgünstig aus Flüssen gewonnen werden kann. Für den privaten Haushalt ist diese Lösung des Wasserproblems jedoch wenig hilfreich, da es in Deutschland kein Brauchwassernetz gibt.

Mit Regenwasser Wasser sparen

Eigenheimbesitzer, aber auch die Bewohner von Mehrfamilienhäusern können neben technischen Maßnahmen zum Wassersparen (siehe Kasten links) die Nutzung von Regenwasser als Alternative zum Trinkwasser in Betracht ziehen, denn für viele Einsatzbereiche im Haus ist keine Trinkwasserqualität erforderlich. Zum Blumengießen oder für die Toilettenspülung wird ebensowenig Trinkwasser benötigt wie für Reinigungsarbeiten.

Regenwassernutzung ist längst nicht mehr eine Alternative nur für Grüne oder Öko-Freaks. Regenwasser steht nicht wie Trinkwasser immer zur Verfügung. Zwar regnet es in unseren Breiten häufig und ergiebig, doch um das Regenwasser nutzen zu können, muß es aufgefangen und bis zum Verbrauch in Zisternen gespeichert werden. Etwa 100 000 Regenwassernutzungsanlagen soll es in Deutschland bereits geben. Hinzu kommen noch die Millionen Regentonnen, die unter den Dachrinnen stehen. Sie sind praktisch die primitivste Form der Regenwassernutzung.

In manchen Baugebieten ist bei Neubauten heute die Installation einer Regenwassernutzungsanlage bereits vorgeschrieben. So wird Wasser gespart und zugleich verhindert, daß durch die zunehmende Oberflächenversiegelung bei jedem Regenguß riesige Wassermengen durch die Kanalisation abfließen. Die vielen Regenwasserspeicher dienen hierbei als kleine Puffer, die einen Teil der Fluten erst einmal aufnehmen und so die Kanalisation entlasten. Bei flächendeckendem Bau von Regenwassernutzungsanlagen könnten so die Kosten der Gemeinden für zusätzliche Kanalrohre und aufwendige Wasserrückhaltebecken reduziert werden.

Wieviel Wasser läßt sich durch Regenwasser sparen?

Der Pro-Kopf-Verbrauch von Trinkwasser lag 1950 in der Bundesrepublik bei 85 Litern. Er ist vor allem in den sechziger und siebziger Jahren stark gestiegen und stagniert seit Mitte der achtziger Jahre. In den alten Bundesländern sind es zur Zeit 145 Liter, die dort jeder täglich verbraucht. Etwas sparsamer sind die Menschen in den neuen Bundesländern. Sie begnügen sich mit 137 Litern pro Kopf und Tag. Damit liegen die Deutschen im europäischen Vergleich im Mittelfeld. Die meisten unserer Nachbarn verbrauchen etwas mehr Trinkwasser. Am höchsten ist der Pro-Kopf-Verbrauch in Europa in den wasserreichen Alpenrepubliken Österreich (215 Liter) und der Schweiz (260 Liter).

Nur etwa 2 bis 3 Prozent dieses Wasserverbrauchs werden jedoch tatsächlich zum Trinken und für die Nahrungszubereitung verwendet. Der überwiegende Teil des Trinkwassers geht für das Händewaschen sowie für das

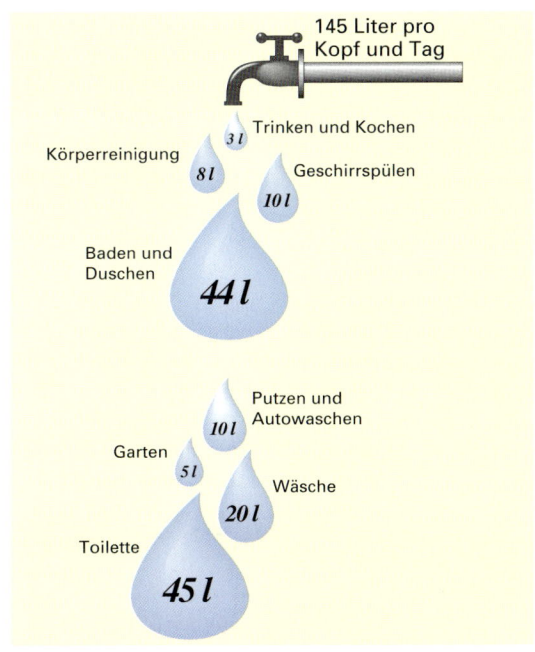

145 Liter pro Kopf und Tag

Trinken und Kochen 3 l
Körperreinigung 8 l
Geschirrspülen 10 l
Baden und Duschen 44 l
Putzen und Autowaschen 10 l
Garten 5 l
Wäsche 20 l
Toilette 45 l

Etwas mehr als die Hälfte des Trinkwasserverbrauchs in Privathaushalten ließe sich durch Regenwasser ersetzen

Wasserverbrauch in Deutschland
(alte Bundesländer)

Verbrauch in Litern pro Kopf und Tag

| 1969 | 1975 | 1979 | 1983 | 1987 | 1991 |

Quelle: Statistisches Bundesamt

Für die Geschirrspülmaschine, für Dusche und Körperpflege sollte aus Gesundheitsgründen kein Regenwasser verwendet werden

Die Gartenbewässerung ist ein typischer Einsatzbereich für Regenwasser. Wenn es sehr heiß ist, eignet es sich auch für eine kurze Erfrischung

Schon eine einfache Tauchpumpe genügt, um das aufgefangene Wasser aus der Regentonne in den Garten zu pumpen

Duschen und Baden, für die Toilettenspülung und für Reinigungsarbeiten drauf. Auch die Gartenbewässerung verschlingt eine beachtliche Menge, die jedoch je nach Größe und Bepflanzung stark variieren kann. Im Schnitt sind es etwa 5 Liter pro Tag und Person.

Ungefähr die Hälfte des täglichen Trinkwasserverbrauchs ließe sich durch Wasser geringerer Qualität ersetzen. Für die Nahrungszubereitung und zum Trinken werden hohe Qualitätsanforderungen an das Lebensmittel „Trinkwasser" gestellt. Hier ist unbedingt möglichst keimfreies Trinkwasser ohne hohe Schadstoffanteile erforderlich. In fast allen anderen Bereichen können jedoch Einschränkungen bei der Wasserqualität hingenommen werden.

Es gibt sogar Leute, die selbst die Geschirrspülmaschine mit Regenwasser betreiben, schließlich können eventuell vorhandene Keime auf trockenem Geschirr nicht überleben. Dennoch ist hier von einem Regenwassereinsatz abzuraten, da schließlich nicht immer garantiert werden kann, daß nicht doch einmal eine noch feuchte Tasse benutzt wird.

Auch für die tägliche Körperpflege sowie für das Duschen und Baden ist der Einsatz von Regenwasser empfehlenswert, obwohl Untersuchungen von Regenwassernutzungsanlagen ergeben haben, daß die Keimbelastung im allgemeinen gering ist und die Grenzwerte, die nach der EG-Richtlinie für Badewasser gelten, nicht überschritten werden.

Für alle anderen Wasserverbraucher im Haus sind die hygienischen Anforderungen weitaus geringer. Hierzu gehört vor allem die WC-Spülung, für die bis zu 45 Liter pro Person und Tag verbraucht werden. Die Gefahr, daß beim Spülvorgang Infektionserreger verspritzt werden, geht eher von den Fäkalien als vom Regenwasser aus.

Auch für die meisten Reinigungsarbeiten im Haus läßt sich Regenwasser einsetzen. Ebenso für das Autowaschen, wenn man nicht aus Umweltschutzgründen doch besser die Waschanlage oder den Waschpark mit ordnungsgemäßen Ölabscheidern vorzieht.

Kontrovers sind die Meinungen über den Regenwassereinsatz beim Wäschewaschen. Während das mittlerweile aufgelöste Bundesgesundheitsamt Bedenken gegen die Nutzung von Regenwasser in der Waschmaschine angemeldet hat, beurteilt die Mehrheit der Fachleute die Infektionsgefahr durch Waschen mit Regenwasser als sehr gering.Das belegen Untersuchungen der TH Darmstadt, der Hamburger Wasserwerke und der FH Fulda. Dennoch sollte nach einer Empfehlung des hessischen Umweltministeriums Regenwasser bei gesundheitlich gefährdeten Personen, also besonders in Einrichtungen wie Krankenhäusern, Altenheimen oder Kindergärten, nicht zum Wäschewaschen benutzt werden.

Ein nicht zu vernachlässigender Effekt, vor allem in Gebieten mit relativ hartem Trinkwasser, ist die Verringerung der beim Waschen mit weichem Regenwasser benötigten Waschmittelmenge, die wiederum eine geringere Belastung der Kläranlagen und Flüsse zur Folge hat. Die Nutzung von Regenwasser ist auch hier ein Beitrag zum Umweltschutz.

Schließlich bleibt noch die Gartenbewässerung, für die ja häufig noch Regentonnen existieren. Im Gegensatz zur Regentonne, aus der mit einer Gießkanne geschöpftes Wasser zu den Beeten getragen werden muß, kann mit einer Regenwassernutzungsanlage die Beregnung der Gartenflächen letztlich genauso komfortabel erfolgen wie aus der Trinkwasserleitung.

Zirka 80 Liter Trinkwasser lassen sich pro Tag und Kopf einsparen, wenn man sämtliche Sparpotentiale nutzt. Dies ist mehr als die Hälfte des Trinkwasserverbrauchs, der durch hinreichend verfügbares Regenwasser ersetzt werden kann. Wer seinen Wasserverbrauch bereits durch eine Reihe von Sparmaßnahmen wie zum Beispiel die Verringerung der Spülmenge beim WC und den Einbau einer Spartaste am Spülkasten deutlich reduziert hat, wird natürlich ein etwas geringeres Einsparungspotential zur Verfügung haben. Dies ist bei der Anlagenberechnung und der Kostenkalkulation für die Regenwassernutzungsanlage zu berücksichtigen.

Die WC-Spülung gehört mit zu den größten Wasserverbrauchern im Haushalt. Hier kann Regenwasser ohne Probleme eingesetzt werden

Moderne Waschmaschinen arbeiten ohne weiteres mit Regenwasser. Dessen niedriger Härtegrad hilft sogar noch, Waschmittel zu sparen

Wasserqualität

Die Qualität des Wassers aus einer Regenwassernutzunganlage hängt von einigen Faktoren ab. Da wäre zuerst einmal die Belastung des Regenwassers durch Luftverunreinigungen mit Mikroorganismen, organischen und anorganischen Schadstoffen.

Auch wenn der Begriff „saurer Regen" in der Vergangenheit für viele Schlagzeilen sorgte, für den geplanten Einsatzbereich des Regenwassers ist der Abfall des pH-Wertes von pH 6 (1950) auf pH 4,5 in den siebziger Jahren nicht bedrohlich. In letzter Zeit steigt der pH-Wert des Regenwassers wieder etwas an. Durch Wechselwirkungen zwischen den Dachwerkstoffen erhöht sich der pH-Wert des Dachablaufwassers so weit, daß er etwa im Bereich des Trinkwassers liegt. Betonzisternen verstärken diesen Effekt noch. Wo dies nicht der Fall ist, sollten statt Kupferrohren vielmehr Kunststoffrohre für die Regenwasserinstallation verwendet werden, um einen Lochfraß zu verhindern.

Die Merkmale der Auffangflächen tragen ebenfalls mit zur Wasserqualität bei. Steildächer von Ein- und Mehrfamilienhäusern bereiten kaum Probleme. Auf ihnen lagert sich wenig Schmutz ab, und wenn sie mit Dachziegeln, Betonsteinen oder Schiefer gedeckt sind, kann auch vom Material keine Gefährdung der Wasserqualität ausgehen. Etwas problematischer ist es, wenn die Dachfläche stark durch Laub und Tierkot verschmutzt wird.

Kritischer sind Flachdächer zu beurteilen, bei denen es schnell zu Schmutzablagerungen und Feuchtigkeitsnestern kommen kann, in den sich vor allem im Sommer leichter Keime entwickeln. Bei bitumengedeckten Dächern nimmt das Regenwasser häufig eine Gelbfärbung an, die beim Wäschewaschen zu Verfärbungen führen kann. Für die Toilettenspülung und für die Gartenbewässerung ist das Ablaufwasser von Bitumendächern jedoch brauchbar.

Vor allem bei neugedeckten Dächern aus Metall (Eisen, Aluminium, Zink, Blei oder Kupfer) ist ein erhöhter Metall- und Schwermetallgehalt festzustellen. Hier scheidet die Waschmaschine ebenso wie die Gartenbewässerung für die Regenwassernutzung aus. In der Toilette stört der erhöhte Metallgehalt jedoch nicht. Als ungeeignet gelten aber Dächer mit Platten aus Asbestbeton, bei denen hochkrebserregende Asbestfasern abgespült werden können und so über den Umweg Regen-

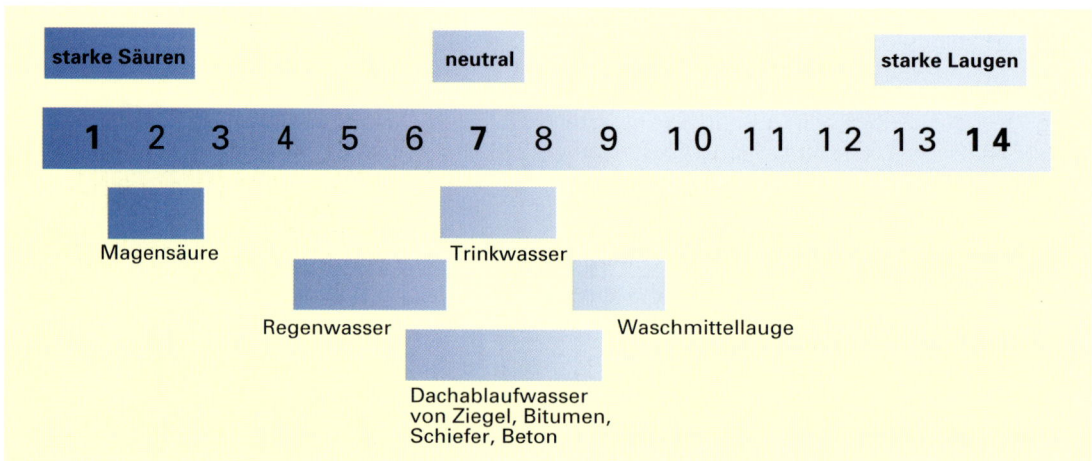

Trinkwasser liegt im neutralen Bereich, Regenwasser ist leicht sauer. Aber schon durch eine Reaktion mit den meist basischen Dachabdeckungen wie Ziegel, Bitumen, Schiefer oder Beton verschiebt sich der pH-Wert des Dachablaufwassers in den neutralen bis leicht basischen Bereich

wasserleitung in Haus und Garten verteilt werden. Ebenso ungeeignet für das Auffangen von Regenwasser sind gepflasterte Höfe und Wege, weil hier noch die Belastung durch den Verkehr (zum Beispiel Reifenabrieb) hinzukommt.

Gründächer mit Gras oder anderer Bepflanzung eignen sich kaum für die Regenwassernutzung. Einerseits lagern sich Schadstoffe aus der Luft stärker ab, andererseits wird das ablaufende Wasser aber bereits durch das Erdreich oder Substrat auf dem Dach gefiltert. Störend ist vor allem der schlechte Wirkungsgrad. Denn etwa 60 bis 80 Prozent der Niederschlagsmenge werden auf dem Dach gespeichert, von den Pflanzen verbraucht oder verdunsten mit der Zeit wieder. So steht nur ein geringer Anteil für die Regenwassernutzung zur Verfügung.

Auch die Größe und Ausführung des Wasserspeichers hat Auswirkungen auf die Wasserqualität. Lichteinstrahlung und erhöhte Temperaturen sind günstige Bedingungen für Keim- und Algenwachstum und die Bildung unangenehmer Gerüche. Ein zu großer Wasserspeicher, dessen Füllmenge kaum umgewälzt wird, kann für die Entwicklung der Mikrolebewesen förderlich sein. Hier läßt sich jedoch durch das Einbringen geeigneter Füllkörper wie Betonsteine das nutzbare Volumen verringern und dadurch die Wasserumwälzung vergrößern.

Die Ausführung der Filter für die Grobreinigung vor der Speicherung, der eventuelle Erstverwurf des stärker belasteten Regenwassers sowie ein Feinfilter nach der Pumpe beeinflussen ebenfalls die Wasserqualität. Kies und Sandfilter mit dicker Filterschicht haben zwar einerseits eine sehr gute Filterwirkung und einen guten Wirkungsgrad, jedoch dauert es lange, bis sie austrocknen und eingespülte Keime absterben. Filter aus dünnem, feinmaschigem Draht sind dagegen im Nu wieder trocken, so daß auch Kleinlebewesen keine lange Überlebenschance haben. Richtig konstruiert, sind solche Filter selbstreinigend, sie haben jedoch einen etwas schlechteren Wirkungsgrad als Filtertöpfe mit dicken Sand- oder Kiesschichten.

Steildächer sind für die Regenwassernutzung am besten geeignet, weil sich darauf kaum Schmutz ablagert und der Wirkungsgrad sehr hoch ist

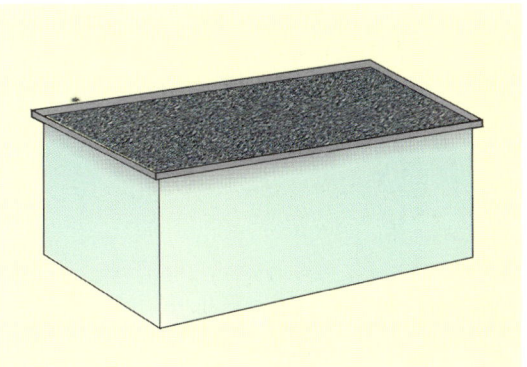

Auf Flachdächern können sich schnell Verunreinigungen ansammeln, und der Wasserablauf ist schlechter als bei Steildächern

Grasdächer sind nur sehr bedingt für die Regenwassernutzung geeignet, da hier ein Großteil des gespeicherten Wassers wieder verdunstet

Bei normaler Schadstoffbelastung der Luft, geeigneten Auffangflächen und einer richtig konstruierten und dimensionierten Regenwassernutzungsanlage sind die Gefahren einer hygienisch bedenklichen Verunreinigung des Regenwassers gering.

Hygienische Bedenken

Beim Einsatz von Regenwasser für die Toilettenspülung können hochspritzende Wassertröpfchen bei der Spülung auf die Sitzfläche geraten oder in direkten Kontakt mit der Haut des Benutzers kommen. Auch in die Raumluft versprühte Wasserspritzer können theoretisch Infektionserreger übertragen. Hierzu gehören in erster Linie Bakterien, Pilze und Viren. Aus diesem Grund forderte das ehemalige Bundesgesundheitsamt auch für die Toilettenspülung die gleichen mikrobiologischen Ansprüche wie beim Trinkwasser. Außerdem sah das Amt die Gefahr, daß bei Installationsfehlern Trinkwasser- und Regen-

wasserleitungen miteinander in Verbindung kommen, für sehr groß an. Grund genug für die Beamten, die Nutzung von Regenwasser im Haushalt abzulehnen.

Zahlreiche Untersuchungsergebnisse aus verschiedenen Bundesländern belegen jedoch, daß Regenwasser nur geringfügig höher als Trinkwasser mit Schadstoffen, Keimen und Bakterien belastet ist. Im allgemeinen wurden die Grenzwerte der EG-Richtlinie für Badewasser nicht überschritten. Bei einem Vergleich von gewaschener Wäsche, zum einen mit Regenwasser, zum anderen mit Trinkwasser, war hinsichtlich der Keimezahl bei der nassen wie auch bei der trockenen Wäsche kein Unterschied festzustellen (siehe Grafik unten). Durch das Waschen war in beiden Fällen eine deutliche Reduzierung der Keimezahl im Vergleich zur ungewaschenen Wäsche zu verzeichnen. Dafür genügt der Einsatz herkömmlicher Waschmittel und eine Waschtemperatur von nur 40 °C. Durch die Trocknung wurde zudem die Zahl der Keime weiter

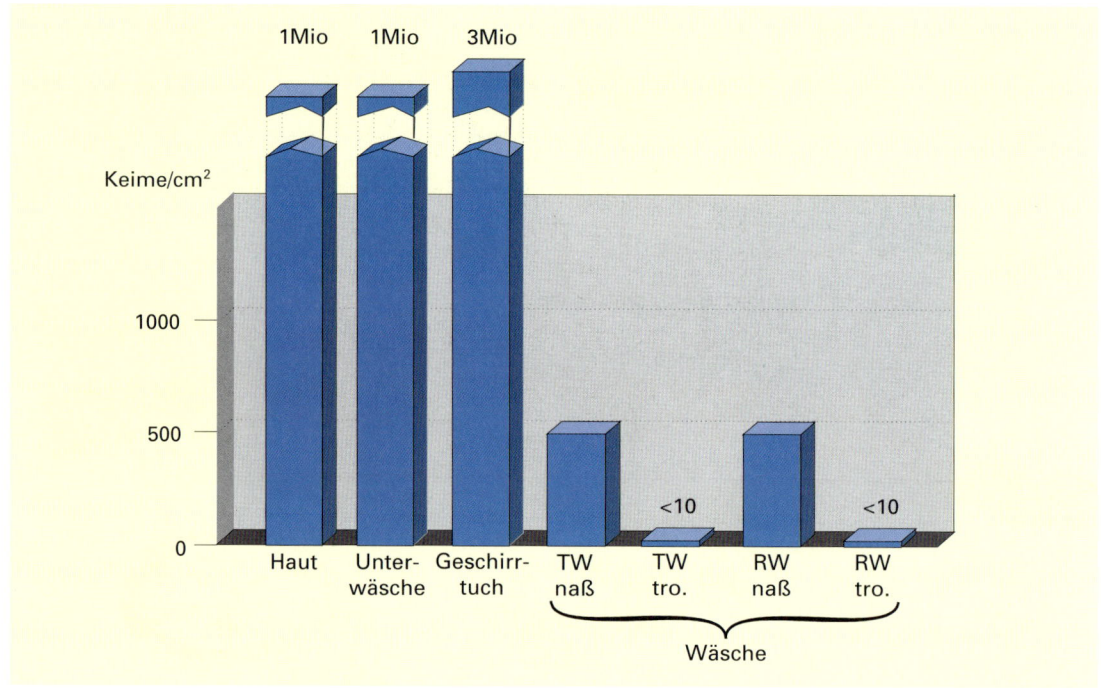

Die Keimbelastung von Textilien nach dem Waschen, egal ob mit Regenwasser oder mit Trinkwasser, liegt in beiden Fällen deutlich unter der Keimzahl auf der Haut oder in verschmutzer Wäsche

verringert, denn die durch Wasser übertragbaren Krankheitserreger sterben bei Trockenheit ab. Es bleibt also festzustellen, daß durch den Einsatz von Regenwasser in der Waschmaschine keine besondere Gefahr für die Menschen ausgeht.

Auch wenn das Regenwasser Badewasserqualität nach der EG-Richtlinie hat, würden wir von Regenwasser zum Baden und Duschen abraten. Einerseits ist nicht immer auszuschließen, daß man beim Baden oder Duschen Wasser verschluckt, andererseits ist der technische Aufwand für eine zusätzliche Warmwasserbereitung relativ hoch. Eine Mischarmatur mit kaltem Regenwasser und warmem Trinkwasser kommt jedoch nicht in Frage, da hier nicht garantiert werden kann, daß nicht doch einmal Regenwasser in die Trinkwasserleitung zurückgesaugt wird. Hinzu kommt die Gefahr der Keimvermehrung im Warmwasserspeicher und in den Warmwasserleitungen, die ein ernstzunehmendes Gesundheitsrisiko darstellt.

Vorschriften für Regenwassernutzungsanlagen

Bei der Errichtung von Regenwassernutzungsanlagen sind eine Reihe von Vorschriften und Genehmigungsverfahren zu beachten. Da die Bauvorschriften Landesgesetze sind und es zusätzlich noch örtliche Besonderheiten gibt, die meist in Form der Wasser- und Abwassersatzungen festgelegt sind, können hier nur allgemeine Aussagen gemacht werden. Letztlich müssen Sie sich bei der Baubehörde vor Ort, dem Wasserversorgungsunternehmen und der Abwasserbeseitigung klären, welche Vorschriften und Einschränkungen in Ihrem persönlichen Fall zu berücksichtigen sind.

Bei Neubauten muß im allgemeinen auf den Teil der Anlage hingewiesen werden, der die Grundstücksentwässerung betrifft. Im Entwässerungsgesuch zum Bauantrag sind die notwendigen Angaben zu machen. Der nach-

Bei der Installation einer Regenwassernutzungsanlage müssen alle Regenwasserleitungen und Regenwasserzapfstellen deutlich gekennzeichnet sein, um Verwechslungen zu verhindern

Für die Trinkwassernachspeisung ist ein freier Einlauf notwendig. Er verhindert, daß Regenwasser ins Trinkwassernetz eingesaugt wird

Die Zapfstellen für Regenwasser müssen deutlich gekennzeichnet sein. Am besten werden nur mit Schlüssel bedienbare Wasserhähne verwendet

Zur Berechnung der Abwassergebühren ist in einigen Gemeinden eine Wasseruhr in der Regenwasserleitung vorgeschrieben

trägliche Einbau einer Regenwassernutzungsanlage in bestehende Gebäude ist bis zu einer bestimmten Tankgröße meist genehmigungsfrei. Sie müssen jedoch dem zuständigen Wasserversorgungsunternehmen entsprechend den „Allgemeinen Bedingungen für die Versorgung mit Wasser" (AVBWasserV) die Errichtung einer Eigengewinnungsanlage, wie es im Amtsdeutsch heißt, anzeigen.

Auch wenn manche Wasserwerke die private Konkurrenz nicht gern sehen, verhindern können sie den Bau einer Regenwassernutzungsanlage jedoch nicht. In den Tarifbedingungen gibt es zwar einen Anschluß- und Benutzungszwang für Trinkwasser. Es ist jedoch nicht vorgeschrieben, daß Sie auch für die Toilettenspülung oder Gartenbewässerung Trinkwasser benutzen müssen.

Nach der AVBWasserV dürfen wesentliche Änderungen von Trinkwasser-Hausinstallationen nur durch ein Wasserversorgungsunternehmen oder einen Installateur vorgenommen werden. Für die Errichtung einer Regenwassernutzungsanlage heißt das, der Anschluß für die Trinkwassernachspeisung mit freiem Auslauf muß von einem Installateur ausgeführt werden. Regenwasserzulauf, Filter, Sammelbehälter, Pumpe und Regenwasserleitungen im Haus hingegen kann der Hausbesitzer selber installieren, denn diese Einrichtungen gehören nicht zur Trinkwasser-Hausinstallation. Allerdings sind dabei die geltenden DIN-Vorschriften zu beachten. Dies sind vor allem die DIN 1988, in der festgelegt ist, daß keine Verbindung zwischen Trinkwasserleitungen und Regenwasserleitungen entstehen darf. Für die Trinkwassernachspeisung ist deshalb ein freier Auslauf mit 20 mm Freiraum zu verwenden. Die Entnahmestellen für Regenwasser und Rohrleitungen (DIN 2403) sind deutlich zu kennzeichnen, damit keine Verwechslungen entstehen können.

Außerdem ist für den Anschluß des Tanküberlaufs an die Kanalisation die DIN 1986 zu beachten, denn nur in seltenen Fällen wird man das überlaufende Regenwasser auf dem eigenen Grundstück versickern lassen können. Aus ökologischer Sicht wäre das jedoch die sinnvollste Lösung.

Technik für die Regenwassernutzung

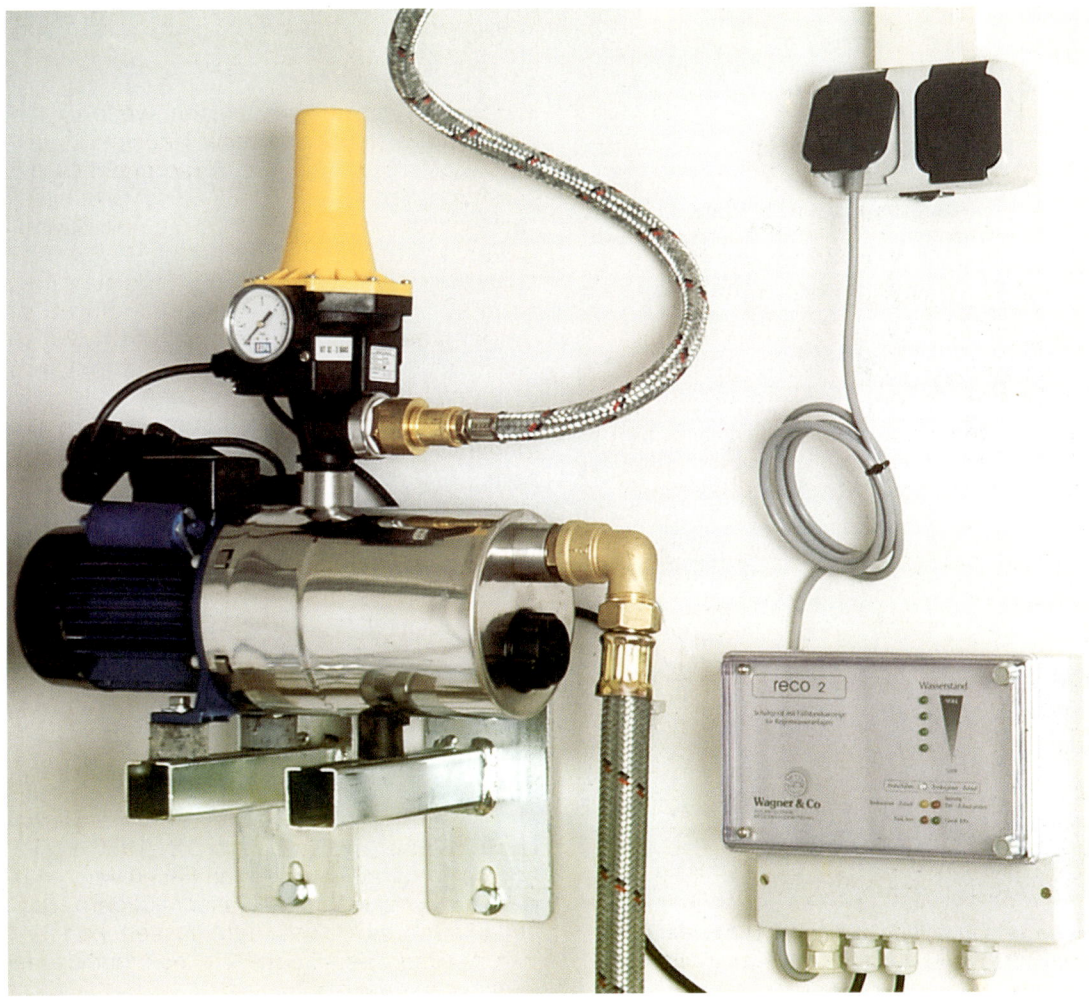

Die Regentonne eignet sich für die Nutzung von Regenwasser im Garten. Sie ist preiswert und leich zu installieren

Der Regensammler wird ins Fallrohr eingesetzt und leitet das Wasser in die Regentonne. Ein Überlaufstopp verhindert Überschwemmungen

Der Regenwassertank

Regenwasser gibt es bei uns zwar reichlich, doch nicht immer dann, wenn es gerade gebraucht wird. Das Wasser muß deshalb aufgefangen und bis zum Verbrauch gespeichert werden. Die einfachste Art der Regenwassernutzung ist eine Regentonne, die unter eine Öffnung im Fallrohr gestellt wird. Mit einer von Hand umstellbaren Regenwasserklappe läßt sich das Regenwasser aus dem Fallrohr – je nach Bedarf – in die Tonne umleiten.

Komfortabler sind in das Fallrohr eingesetzte Regensammler mit automatischem Überlauf. Sie lassen Wasser nur solange in die Regentonne laufen, bis diese gefüllt ist. Dann schalten sie den Zulauf automatisch ab. Regentonnen eignen sich gut für die Bewässerung von Gartenbeeten mit der Gießkanne. Es kann zwar auch eine Tauchpumpe eingesetzt werden. Doch bei größeren Gärten dürfte der Wasservorrat sehr schnell erschöpft sein. Hierfür muß dann ebenso wie für die Regenwassernutzung im Haus ein größerer Tank installiert werden.

Es gibt verschiedene Möglichkeiten, um einen Regenwassertank unterzubringen. Ohne aufwendige Erdarbeiten kommen Sie aus, wenn Sie den Tank im Keller installieren. Jedoch geht dabei wertvoller Kellerraum verloren. Durch die noch relativ hohe Raumtemperatur im Keller und durch Lichteinfall kann die Keim- und Algenbildung im Tank gefördert werden. Es sollte deshalb kein lichtdurchlässiger Kunststofftank gewählt werden. Ein Vorteil ist, daß der Tank samt Rohrleitungssystem im Keller jederzeit auf Undichtigkeiten kontrolliert und Funktionsstörungen leichter behoben werden können.

Die Alternative sind Tanks, die im Erdreich versenkt werden. Hier wird das Wasser kühl und leicht geschützt gelagert. Allerdings ist der Aufwand für den Aushub der Grube relativ hoch. Am einfachsten ist es noch, wenn der Regenwassertank gleich beim Neubau mit eingeplant wird. Dann wird die Baugrube etwas größer ausgehoben, so daß genügend Platz für den Tank entsteht.

Denkbar schlecht geeignet für die Regenwasserspeicherung sind oberirdische Tanks, weil es bei solchen Behältern im Sommer zu einer sehr starken Erwärmung des Wassers mit den bereits genannten Folgen kommen kann.

Für die Speicherung von Regenwasser gibt es eine Vielzahl verschiedener Tanks für die unterschiedlichen Einbauvoraussetzungen und Nutzungsabsichten.

Kunststofftanks

Regenwassertanks aus Kunststoff gibt es in verschiedenen Materialausführungen. Bei der Anlagenplanung ist zu beachten, daß sich nicht alle Kunststofftanks für die Nutzung des Wassers im Haus eignen. Das gilt vor allem für kleinere Tanks, die auch über Baumärkte angeboten werden. Am häufigsten werden Kunststofftanks aus Polyäthylen (PE) hergestellt. Das Fassungsvermögen reicht von etwa 600 bis 5 000 Liter. Kleinere Tanks können auch miteinander verbunden und so zu Batterien mit größerem Speichervolumen zusammengestellt werden. Dies ist vor allem dann vorteilhaft, wenn bei einer Aufstellung im Keller die Zugangswege den Transport eines größeren Tanks verhindern.

Tanks, die frei im Keller aufgestellt werden, müssen zum Schutz gegen Bersten mit einer Bandage aus massivem Eisen versehen sein. Außerdem sollten Sie aus dunklem, homogen eingefärbtem Kunststoff bestehen, um einen Lichteinfall zu verhindern. Bei nur geringem Regenwasserbedarf können die kleinen Kompaktanlagen sinnvoll sein. Sie bestehen aus einem Kellertank mit angebauter Pumpe. Diese Anlagen sind teilweise bereits vormontiert, so daß sie nach Anschluß des Regenwasserzulaufs, der Trinkwassernachspeisung und der Leitung zu den Verbrauchern sofort in Betrieb genommen werden können.

Bei Erdtanks schützt das Erdreich den Tank vor Wärme und Licht, und es gibt ihm gleichzeitig genügend Seitenhalt. Dafür muß der Tank jedoch dem Druck der auf ihm lagernden Erde standhalten. Um eine Überbelastung zu vermeiden, dürfen die Lagerungszonen der

Diese Kompaktanlage kommt vormontiert mit Jetpumpe und Schläuchen. Der lichtdurchlässige Tank muß jedoch in einen dunklen Keller

Bei dieser Kompaktanlage mit schwarzem, lichtundurchlässigem Tank liegen die Schlauchverbindungen innen

Kunststofftanks für die Regenwassernutzung gibt es in verschiedenen Größen und Formen. Hier eine Auswahl von Kellertanks

Die Anschlüsse für den Wasserzu- und Wasserablauf sind bei diesem Tank mit Verstärkungsrippen ebenso wie der Dom serienmäßig vorhanden

Durch seine konische Form soll sich bei diesem Tank der Schmutz am Rand absetzen und beim Überlaufen leichter weggespült werden

meisten Kunststofftanks nicht mit dem PKW befahren oder mit anderen schweren Lasten beaufschlagt werden. Die Garageneinfahrt scheidet folglich als Platz für einen Kunststofftank aus. Ausnahmen sind einige Regenwassertanks aus glasfaserverstärktem Polyester (GfK), die selbst die Belastung eines LKW aushalten. Sie sind jedoch wesentlich teurer als die üblichen PE-Tanks.

Während man vielen Regenwassertanks ihre Abstammung vom Heizöltank noch ansieht, gibt es mittlerweile auch eine Reihe von Spezialkonstruktionen, die gezielt für die Nutzung als Regenwassertank entwickelt worden sind. Hierzu gehören zum Beispiel Tanks mit Rippenverstärkung und Einstiegsdom. Auch die Anschlüsse für den Wasserzulauf, den Überlauf und die Pumpe sind zumeist schon normgerecht vorgefertigt.

Kunststofftanks haben den Vorteil, daß sie leicht zu transportieren und auch ohne Kraneinsatz mit ein paar Helfern gut zu verlegen sind. Wichtig ist, daß der Tank frostsicher eingebaut wird. Das heißt, die Oberkante muß 80 bis 100 cm tief im Erdreich liegen. In Gebieten mit hohem Grundwasserspiegel sind die leichten Kunststofftanks außerdem gegen Aufschwimmen zu sichern.

Betonzisternen

Regenwasserspeicher aus Beton sind stabiler als Kunststofftanks. Sie können sowohl aus Betonsegmenten selbst zusammengebaut als auch in Form fertiger Zisternen mit Abdeckung und Anschlüssen bezogen werden.

Für den Selbstbau werden Betonringe, wie sie für den Brunnen- und Kanalbau üblich sind, benutzt. Zuerst kommt ein Ring mit angegossenem Boden, dann werden je nach Größe der Zisterne ein oder mehrere Zwischenringe ergänzt. Den Abschluß bildet ein Konus mit Deckel. Die einzelnen Betonteile werden mit Zementmörtel, dem vorsorglich ein Dichtungszusatz beizufügen ist, vermauert. Für die Rohranschlüsse müssen die Durchbrüche mit einem Bohrhammer oder Meißel gesondert erstellt werden.

In der Regel ist jedoch eine Fertigzisterne aus einem Stück vorzuziehen, da hier die Gefahr von Undichtigkeiten wesentlich geringer ist.

Da Betontanks ein sehr hohes Gewicht haben, können sie nur mit Hilfe eines geeigneten Krans verlegt werden. Die Lieferfahrzeuge der Betonwerke sind in der Regel mit einem kleinen Ladekran ausgestattet, der zum Setzen der Zisterne eingesetzt werden kann, wenn der LKW bis dicht an die Baugrube heranfahren kann. Wo dies nicht möglich ist, muß ein Autokran bestellt werden. Regenwasserspeicher aus Beton bestehen zumeist aus zwei oder drei Teilen: einem Rundbehälter aus Stahlbeton, einem Schachtkonus mit Einstiegsöffnung und eventuell einer zusätzlichen Abdeckplatte. Bei manchen Ausführungen kann der Filter in den Schacht montiert werden. Manche Hersteller bevorzugen die Lösung mit einem getrennten Filterschacht oder einer mit Substrat (Porenbeton oder Kies) gefüllten Filterplatte in der Zisterne.

Die Preise für Regenwasserzisternen aus Beton (inklusive Versetzen mit dem Ladekran) liegen etwa auf dem gleichen Niveau wie die Verkaufspreise für Erdtanks aus Kunststoff. Weil die Hersteller die relativ hohen Frachtkosten an die Kunden weitergeben, lohnt es sich, den Tank bei einem Betonwerk in der Nähe zu erwerben. Nur wenige Hersteller liefern ihre Betonzisternen überhaupt bundesweit aus.

Betonspeicher werden gewöhnlich in Größen von etwa 1 000 bis 12 000 Liter angeboten. Einige Hersteller verkaufen aber auch Zisternen bis 20 000 Liter Fassungsvermögen. Bei einem Einfamilienhaus lohnt sich die Investition für einen solchen Riesentank jedoch nicht. Es besteht hier eher die Gefahr, daß das Wasser durch die geringe Umwälzung umkippt.

Eine Besonderheit sind Regenwasserspeicher unter dem Garagenboden. Ein Hersteller bietet hier einen bis zu 22 000 Liter großen Wasserspeicher an, der gleichzeitig als Garagenfundament dient. Die Füllmenge dieser Unterflurzisterne ist jedoch so groß, daß sie nur für ein größeres Mehrfamilienhaus in Frage kommt.

Betonzisternen sind etwa so teuer wie Kunststofftanks. Das kalkhaltige Material sorgt für eine gewisse Neutralisation von saurem Wasser

Wenn der Liefer-LKW dicht genug an die Baugrube heranfahren kann, lassen sich die Betonzisternen sogar mit dem Ladekran versetzen

Eine Besonderheit ist dieser Kugeltank aus GfK (bis 12 000 Liter). Der Absetzfilter (links) soll verhindern, daß Schmutz in den Tank gerät

**Der „Regendieb" wird direkt in das Fallrohr einge-
setzt. Nach DIN 1986 wird der Fallrohrquerschnitt
bei diesem preiswerten Filter nicht verringert**

**Bei diesem Filtersammler läßt sich die Filterpatro-
ne herausziehen. Zum Abschalten des Speicher-
zulaufes wird das Filtersieb nach unten gedreht**

**Einer der am häufigsten verwendeten Filtersamm-
ler mit senkrechtstehendem Sieb aus Edelstahl.
Er wird direkt ins Fallrohr eingesetzt**

Alternative Tanklösungen

Neben dem Kauf eines Tanks bieten sich manchmal auch alternative Lösungen an. Da existiert noch ein alter, stillgelegter Heizöltank oder eine Jauchegrube, die seit Jahren nicht mehr benutzt wird. Solche Behälter sind ebenfalls für die Regenwasserspeicherung geeignet, wenn sie gründlich gereinigt werden. Aus Öltanks müssen Spezialfirmen die Ölrückstände restlos beseitigen. Alte Tanks aus Kunststoff können nach der Reinigung gleich mit Regenwasser gefüllt werden. Bei Betontanks empfiehlt sich der Anstrich mit einer Dichtungsschlämme. Da Stahltanks rosten können, sollten sie mit einer Kunststoffbeschichtung versehen werden, bevor sie als Regenwasserspeicher in Betrieb gehen.

Filterung

Bevor Sie das Regenwasser in den Tank leiten, sollte es gefiltert werden, denn es spült Laub und Schmutz vom Dach mit herunter. Wenn Sie das gesammelte Wasser lediglich im Garten verwenden wollen, können Sie notfalls auf eine Filterung des Zulaufs verzichten. Sie müssen dann jedoch den Tank mindestens einmal im Jahr entleeren und reinigen.

Die Industrie bietet mittlerweile eine Reihe verschiedener Filtersysteme an, die auch miteinander kombiniert werden können, um eine optimale Filterwirkung zu erreichen. In der Regel genügt jedoch ein wirkungsvoller Filter.

Um möglichst wenig Laub ins Fallrohr gelangen zu lassen, sollten die Dachrinnen mit einem Laubschutz versehen werden. Das kann zum Beispiel ein grobmaschiges Kunststoffgewebe sein, welches in die Dachrinne eingespannt wird. Alternativ können auch Laubfangkörbe über dem Fallrohr angebracht werden. Doch dann sammelt sich das Laub in der Dachrinne, und sie muß häufiger gereinigt werden. Diese Säuberungsarbeiten werden zumindest im Herbst und im Frühjahr zu den Wartungsarbeiten für Ihre Regenwassernutzungsanlage gehören.

Für die Filterung des Regenwassers reicht jedoch der Laubschutz allein nicht aus. Hier müssen zusätzlich weitere Filter eingebaut werden.

Filtersammler

Sehr häufig werden preiswerte Filtersammler verwendet, die direkt ins Fallrohr eingesetzt werden können. Sie sollten dabei beachten, daß durch den Einbau des Filters (nach DIN 1986) keine Verengung des Fallrohrquerschnitts erfolgt, was leider bei einigen Modellen der Fall ist. Dann kann es bei einem Wolkenbruch zum Rückstau im Fallrohr kommen, falls das Wasser nicht schnell genug abfließt.

Für den Einbau wird das Fallrohr aufgeschnitten und der Filtersammler zwischen die beiden Teile gesteckt. Je nach Konstruktion liegt innen ein fest eingebautes oder ein bewegliches Sieb, über das Regenwasser in die Zisterne geleitet werden kann.

Bei den meisten Modellen sind die Filtersiebe schräg oder sogar senkrecht angeordnet, so daß Schmutz und Laub leicht abgespült werden. Andere Modelle mit einsetzbarer Filterpatrone ermöglichen es, die Patrone zum Reinigen herauszuziehen und, wenn zum Beispiel im Winter der Zulauf in den Regenwassertank wegen Frostgefahr ausgeschaltet werden sollte, durch Verdrehen des Einsatzes das gesamte Wasser in die Kanalisation laufen zu lassen.

Für alle gängigen Fallrohrdurchmesser von 80 bis 110 mm werden Filtersammler mit senkrechtstehenden Sieben in Kupfer- und Zinkausführung angeboten. Da das Regenwasser durch die Adhäsionskräfte am Rand des Fallrohres herunterläuft, trifft es auf den Siebeinsatz aus Edelstahl und wird in ein waagerechtes Rohr umgeleitet. Größere Schmutzpartikel fallen in der Mitte durch oder werden vom Sieb abgespült.

Bei einem sehr starken Regenguß fließt ebenfalls ein Teil des Wassers in der Mitte am Filter vorbei und verbessert die Selbstreinigungswirkung des Filters, so daß das Sieb nur ein-

Neben Filtern aus Kunststoff gibt es zur Materialanpassung an das Fallrohr auch Filter in Zink- und Kupferausführungen

Das Wasser fließt an den Wänden des Fallrohres hinunter und wird durch das feinmaschige Sieb in den Regenwasserspeicher geleitet

Strudelfilter werden für den Einbau ins Erdreich ausgelegt. Die Reinigungsöffnung oben muß mit einem Kanalrohr verlängert werden

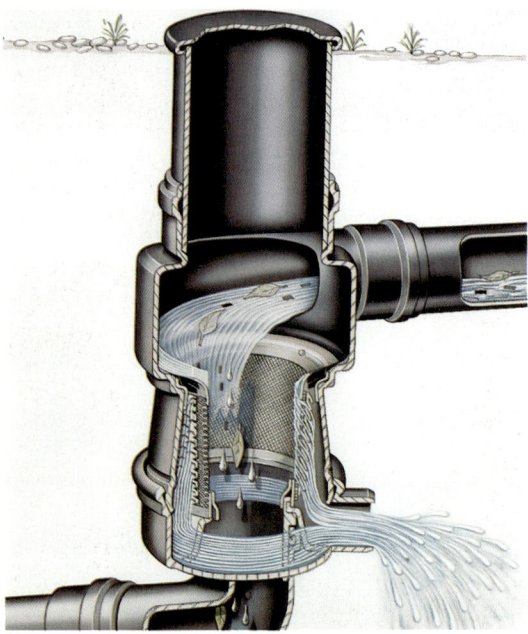

Beim Einbau des Strudelfilters ist der Höhenunterschied zwischen Regenwasserzulauf und dem Ablauf in die Zisterne zu beachten

mal im Jahr gereinigt werden muß. Dazu wird die äußere Kappe des Filtersammlers nach oben geschoben. Das freiliegende Sieb läßt sich dann herausnehmen und reinigen.

Die Filterwirkung dieses Systems ist sehr gut. Da jedoch ein Teil des Wassers direkt in die Kanalisation geleitet wird, beträgt der Wirkungsgrad nur etwa 80 bis 90 Prozent. Dies ist bei der Berechnung der anfallenden Regenwassermenge zu berücksichtigen.

Da das Dach eines Hauses normalerweise zu beiden Seiten mit mit je einem Fallrohr entwässert wird, muß in jedes Fallrohr ein Filtersammler eingebaut werden, wenn das gesamt Dachablaufwasser genutzt werden soll. Das Wasser von bis zu 100 m² Dachfläche kann mit einem solchen Filtersammler gefiltert werden. Dies dürfte für die meisten Einfamilienhäuser ausreichen. Ist die zu entwässernde Dachfläche größer, steigen bei starken Regengüssen die Wirkungsverluste an.

Rohrfilter

In schräglaufende Abflußrohre können Rohrfilter eingesetzt werden, bei denen ein Sieb an der Unterseite das Wasser filtert und in den Tank leitet. Auf dem Sieb abgelagerter Schmutz wird bei stärkeren Regengüssen in die Kanalisation gespült.

Strudelfilter

Strudel- oder Wirbelfilter werden im Erdreich untergebracht. Sie eignen sich für Dachflächen bis 500 m². Auch im Strudelfilter wird ein feinmaschiges Filtersieb verwendet. Das Wasser strömt aus dem fast waagerecht verlaufenden Zuflußrohr strudelförmig an der Innenwand entlang und trifft auf den innensitzenden Filtertopf. Steine, Laub und andere Schmutzpartikel sowie überschüssiges Wasser werden durch die große Öffnung in der Mitte weggeschwemmt. Der Wirkungsgrad dieses Filtersystems liegt bei über 90 Prozent.

Für die Reinigung des Filtertopfes ist eine Revisionsöffnung über dem Strudelfilter vorgesehen, die je nach Einbautiefe mit einem entsprechend dimensionierten Kanalrohr verlängert werden muß.

Beim Einbau des Filters ist zu beachten, daß das Zulaufrohr möglichst in frostfreier Tiefe (80 bis 100 cm) verlegt wird. Aus dem Höhenunterschied zwischen Zulauf und Ablauf von etwa 50 cm ergibt sich die Einbautiefe des Regenwasserspeichers.

Schachtsammler

Der Schachtsammler besteht aus einem langlebigen und temperaturbeständigen Kunststofftopf mit knapp 40 cm Durchmesser. Er kann sowohl in das Erdreich, in einen Vorschacht oder direkt in die Zisterne eingebaut werden. Es sind zwei Zuläufe vorhanden. Der Überlauf und der Ablauf in den Regenwasserspeicher liegen nur wenige Zentimeter unter den Zulaufrohren. Eine Besonderheit ist, daß der Überlauf auch für eine Inline-Nachspeisung für Frischwasser genutzt werden kann und so eine relativ kompakte Anschlußeinheit für den Regenwassertank entsteht.

Im Schachtsammler trifft das Wasser auf einen halbrunden Edelstahleinsatz mit sehr feinen Maschen (0,05 mm), der zum Reinigen leicht herausgenommen werden kann. Leitflächen an den Seiten sorgen dafür, daß dem Filter auch bei stärkeren Regengüssen möglichst viel Wasser zugeführt wird. Deshalb kann auch hier ein Wirkungsgrad von mehr als 90 Prozent veranschlagt werden.

In einem Vorschacht oder direkt in der Zisterne kann das System offen betrieben werden. Soll der Schachtsammler jedoch im Erdreich eingebaut werden, ist für die Revisionsöffnung zur Filterreinigung der Aufsatz eines KG-Rohres (DN 400) erforderlich.

Ein Filter ähnlicher Bauart läßt das Wasser über ein schrägstehendes Filtersieb laufen, das ebenfalls vom Regenwasser immer wieder freigespült wird. Auch hier ist mit einem guten Wirkungsgrad von etwa 90 Prozent zu rechnen. Allerdings ist dieser Filter nur für den Einbau in das Erdreich vorgesehen.

Solche Schachtsammler werden direkt oberhalb der Zisterne eingebaut. Dadurch erübrigen sich zusätzliche Leitungen für Zulauf und Überlauf

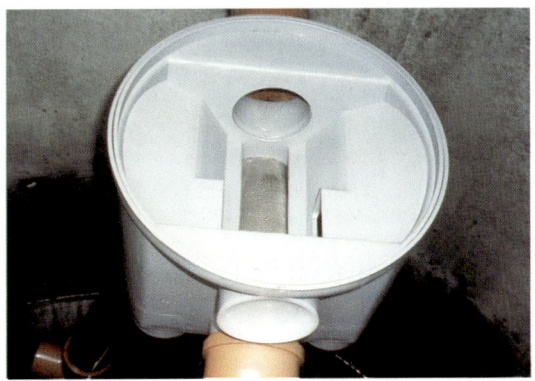

Über Leitflächen wird das einströmende Regenwasser auf den Filter gelenkt. Zur Reinigung läßt sich der Filtereinsatz leicht entnehmen

Durch die geringen Höhenunterschiede zwischen Zulauf und Ablauf sowie Überlauf ergibt sich eine günstige, kompakte Einbausituation

Bei diesem Filter läuft das Wasser durch ein schrägstehendes Sieb, das vom Regenwasser immer wieder freigespült wird

Dieser Filtertopf mit Kiesschicht und Vliesmatte erfaßt das gesamte Wasser. Der Filtereinsatz muß jedoch regelmäßig gereinigt werden

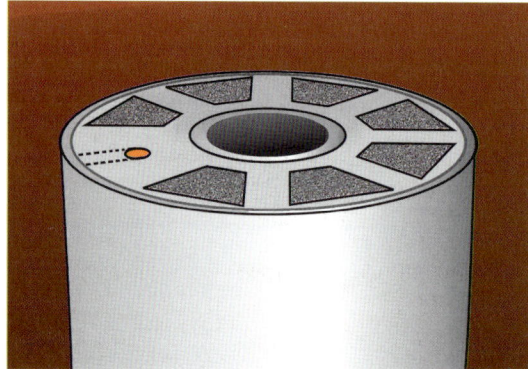

Auf die Rundbehälter von Betonzisternen aufgesetzte Filterplatten leiten das Wasser über Filterfächer mit Porenbetongranulat nach unten

Filtertöpfe

Filtertöpfe zeichnen sich durch einen sehr hohen Wirkungsgrad aus, da bei ihnen praktisch das gesamte Wasser in den Regenwasserspeicher fließt. Es gibt unterschiedliche Systeme: manche mit einem Siebeinsatz, andere mit einer Vliesmatte oder mit Kies. Diese Filter bestehen aus einem Topf, der meist bündig mit der Erdoberfläche gesetzt wird und einen Ablauf in den Regenwasserspeicher hat. Der Zulauf erfolgt frei, häufig über eine ins Fallrohr eingesetzte Regenwasserklappe.

Die Filterwirkung ist je nach verwendetem Filtermaterial sehr unterschiedlich. Nachteilig ist bei allen Filtertöpfen die Schmutzansammlung innerhalb des Systems. Wird der Einsatz nicht regelmäßig gereinigt, kann es schnell zu Verstopfungen kommen. Da meist kein Überlauf vorhanden ist, fließt das überschüssige Wasser in den Garten, was je nach Einbausituation zu Bauschäden am nahestehenden Haus führen kann.

Andererseits sind Filtertöpfe sehr preiswert. Sie sind jedoch nur für die Entwässerung kleiner Dachflächen und nur für die Regenwassernutzung im Gartenbereich zu empfehlen. Denn aus hygienischer Sicht sind Filtertöpfe, wie auch alle anderen nicht selbstreinigenden Filtersysteme, problematisch. Da sich im Laufe der Zeit Laub und Schmutz im Filter ansammeln, dauert es immer länger bis der Filter austrocknet. Dadurch wird eine Basis für die Entwicklung von Keimen geschaffen, die langfristig zu Verunreinigungen des Regenwassers führen können.

Filterplatte

Die stärkere Verschmutzungsgefahr gilt auch für Filterplatten, die in Form eines Zwischenbodens in Betonzisternen auf den Rundbehälter aufgesetzt und vom Schachtkonus abgedeckt werden. Sie haben Filterfächer, die mit Kies oder Porenbetongranulat gefüllt sind, und eine Überlauföffnung, die überschüssiges Wasser in die Kanalisation abführt. Dadurch wird der Installationsaufwand für Filter,

Überlauf und den Anschluß an die Zisterne verringert, und es ist auch kein Vorschacht für einen getrennten Filter notwendig.

Mit Filterplatten erreichen Sie eine gute Filterwirkung und einen sehr hohen Wirkungsgrad (nahezu 100 Prozent). Beim Ansteigen des Wasserspiegels wird zwar Wasser von unten durch das Filtergranulat gedrückt und spült dabei einen Teil des Schmutzes in den Überlauf ab, aber dennoch sollte die Filterplatte zum Beispiel mit einem Besen oder Naßsauger regelmäßig gereinigt werden.

Filterweiche

Eine Besonderheit im Marktangebot sind automatische Filterweichen. Sie lassen den ersten, mit relativ viel Schmutz beladenen Wasserschwall vom Dach in die Kanalisation laufen, bevor sie das Wasser über einen Filter in den Regenwasserspeicher leiten. Bei diesem Erstverwurf wird in der Regel auch das Filtersieb mit durchgespült.

Filterweichen gibt es mit mechanischer Mengensteuerung, bei der sich ein Meßbecher allmählich mit Wasser füllt und bei einem bestimmten Gewicht die Wasserführung umschaltet. Die Menge des Erstverwurfs ist von 0 bis 100 Liter einstellbar.

Eine elektronisch gesteuerte Ausführung der Filterweiche mißt den Trübungsgrad des Wassers und leitet erst das klare Wasser in die Zisterne. Das Ergebnis ist eine sehr gute Wasserqualität bei etwas verringertem Wirkungsgrad.

Während die meisten Regenwasserfilter zwischen 100 und 1 000 DM kosten, sind Filterweichen wesentlich teurer (ab zirka 2 000 DM aufwärts), so daß sich der Einbau für private Hausbesitzer wohl kaum lohnt. Sie sind eher für gewerbliche Großbauten interessant, die heute bereits mit Regenwassernutzungsanlagen ausgestattet werden. Auf Grund der hohen Kapazität kann selbst das Abflußwasser von 1 000 m² Dachfläche mit nur einer elektronisch gesteuerten Filterweiche in den Regenwasserspeicher geleitet werden.

Eine komplette Anschlußeinheit mit Schachtsammler (1), Tankeinlauf (2), Überlauf (3) und Inline-Nachspeisung (4) sowie Saugleitung (5)

Wird der Filter getrennt vom Tank eingebaut, bedarf es aufwendiger Leitungsverlegungen für den Tankzulauf und den Überlauf in die Kanalisation

Moderne High-Tech-Bauten wie das Terminal 2 des Frankfurter Flughafens sind heute auch mit Regenwassernutzungsanlagen ausgestattet

Im Absetzfilter lagert sich der Schmutz am Boden ab. Aus dem oberen Bereich wird das saubere Wasser entnommen und in die Zisterne geleitet

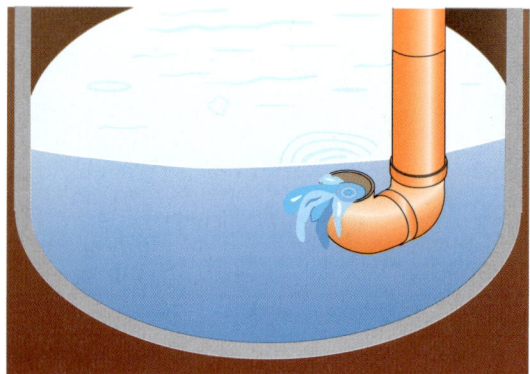

Ein Rohrbogen sorgt dafür, daß das Wasser ohne große Turbulenzen in den Tank einläuft. So wird der Schmutz nicht unnötig aufgewühlt

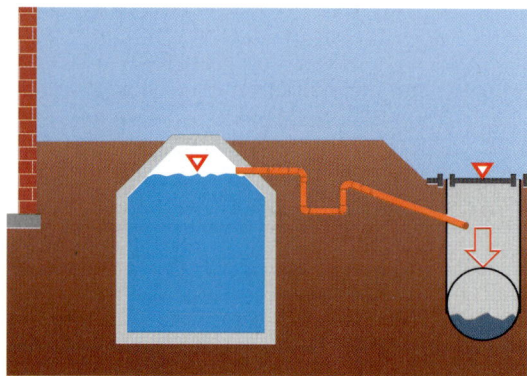

Liegt der Überlauf über der Rückstauebene, genügt ein KG-Rohr mit Geruchsverschluß, um überschüssiges Wasser in den Kanal zu leiten

Absetzfilter

Im Absetzfilter wird das Regenwasser nicht mit einem Sieb oder einem Granulat gefiltert. Hier soll sich das einlaufende Wasser etwas beruhigen, damit sich die Schmutzpartikel am Boden absetzen können. Der Absetzfilter besteht deshalb aus einem Behälter mit einem beruhigten Einlauf am Boden und einem Ablauf im oberen Bereich. Füllt sich der Behälter, dann sinken die Schmutzteilchen allmählich ab, und im oberen Teil des Behälters kann relativ sauberes Wasser entnommen und in den Regenwasserspeicher geleitet werden.

Da sich mit der Zeit immer mehr Schmutz am Boden des Absetzfilters ablagert, muß er regelmäßig gereinigt werden. Der Absetzfilter hält nur die Schmutzpartikel zurück, die mit der Zeit auf den Boden absinken. Schwebstoffe, die längere Zeit im Wasser oder an der Wasseroberfläche schweben, werden nicht abgefiltert. Deshalb ist auch beim Einbau eines Absetzfilters eine zusätzliche mechanische Filterung des Regenwassers empfehlenswert.

Tankeinlauf und Tanküberlauf

Beruhigter Einlauf

Trotz Filterung bleibt es nicht aus, daß feine Schmutzpartikel in den Tank gelangen. Sie sinken mit der Zeit nach unten und setzen sich wie im Absetzfilter am Boden ab oder schwimmen an der Wasseroberfläche. Damit beim nächsten Regen diese Schmutzteilchen nicht wieder aufgewühlt werden, sollte das nachlaufende Wasser keinesfalls in hohem Bogen in den Tank plätschern, sondern über einen beruhigten Einlauf in den Tank geleitet werden. Dazu wird das Zulaufrohr bis kurz über den Boden des Tanks geführt und mit einem Bogen nach oben versehen, so daß sich der Zulauf etwa 10 cm über dem Boden befindet. Sobald der Wasserstand die Einlauföffnung überschritten hat, gibt es nur noch geringe Turbulenzen im Wasser. Da die Saugleitung für die Pumpe in der Regel etwas höher als die Zulauföffnung montiert wird, bleibt der Wasserspiegel immer über dem Zulaufrohr stehen.

Tankverbindungen

Sind mehrere Regenwassertanks miteinander zu verbinden, so kann dies durch getrennte Zuläufe, durch in Bodennähe angebrachte Verbindungsleitungen oder durch oberhalb der Tanks angebrachte Rohre erfolgen.

Getrennte Zuläufe erfordern einen relativ hohen Installationsaufwand. Sie können am einfachsten realisiert werden, wenn mehrere Dachabläufe mit getrennten Filtersammlern angeschlossen werden. Dann fließt das Wasser von jedem Filtersammler in einen anderen Tank. Allerdings braucht dann auch jeder Tank einen eigenen Überlauf.

Sinnvoller ist die Verbindung der Tanks untereinander. Dies kann mit einer Umlaufleitung am Boden geschehen. Viele Kunststofftanks sind dafür bereits mit Anschlüssen versehen, die nur noch mit einem Schlauch oder Rohr verbunden werden müssen. Die Anschlüsse sollten jedoch einen Absperrhahn haben, um bei Undichtigkeiten eingreifen zu können. Achten Sie darauf, daß der Durchmesser der Umlaufleitung nicht zu gering ist, um auch bei starken Regenfällen für einen schnellen Ausgleich der Wasserstände zu sorgen.

Ein nachträgliches Anfertigen von Tankanschlüssen für eine Umlaufleitung am Boden der Regenwassertanks ist wegen der Gefahr von Leckagen nicht zu empfehlen.

Wenn an den Regenwassertanks keine Anschlüsse für eine Umlaufleitung vorhanden sind, sollten besser obenliegende Überlaufleitungen eingesetzt werden. Sie arbeiten ebenfalls nach dem Prinzip der kommunizierenden Röhren. Dazu wird oberhalb der Tanks ein Verbindungsrohr verlegt, von dem Abzweige in jeden Tank bis unter den Mindestwasserspiegel hineinreichen. Winkeln Sie auch hier die Rohrenden nach oben ab, um nicht unnötig den Bodensatz im Tank aufzuwühlen. Ist die Überlaufleitung einmal mit Wasser gefüllt,

Rohre für den Regenwasserzulauf und den Überlauf

Für den Regenwasserzulauf in die Zisterne wie für den Überlauf kommen die üblichen Abwasserrohre zum Einsatz. Es gibt sie zwar auch aus Beton und Steinzeug, doch heute werden überwiegend Kunststoffrohre wegen der einfacheren Verarbeitung benutzt. Die orangeroten Rohre aus Hart-PVC bezeichnet man auch als KG-Rohre. Sie sind in verschiedenen Längen und Durchmessern erhältlich. In der Regel kommt man aber mit dem Standarddurchmesser von 100 mm aus. Im Fachhandel und in Baumärkten wird dieses Rohr kurz KG 100 genannt. Weitere Größen sind zum Beispiel KG 125 und KG 150.

Zum Ablängen verwendet der Fachmann spezielle Rohrschneider. KG-Rohre können jedoch auch mit einer Eisensäge oder einem Elektrofuchsschwanz auf die passende Länge gebracht werden. Für die Verbindung haben die Rohre auf einer Seite eine Muffe, in die das nächste Rohr hineingesteckt wird. Ein Gummiring sorgt für die Abdichtung. Sind zwei Rohrenden ohne Muffen zu verbinden, wird ein einige Zentimeter langes Verbindungsstück mit Muffen auf jeder Seite dazwischengesetzt. Abzweigungen erstellt man mit speziellen Rohrabzweigen. Es gibt sie ebenso wie Rohrbögen mit verschiedenen Winkeln, so daß man jeder Bausituation gerecht werden kann. Für die Verbindung von KG-Rohren unterschiedlicher Durchmesser gibt es Reduzierstücke. Außer den KG-Rohren sind im Handel auch noch graue, hochtemperaturfeste HT-Rohre erhältlich. Sie sind zur Ableitung warmer Abwässer im Haus gedacht und lassen sich noch leichter bearbeiten als die etwas härteren KG-Rohre. Da sie nicht im Erdreich verlegt werden dürfen, kommen Sie bei Regenwassernutzunganlagen kaum in Betracht.

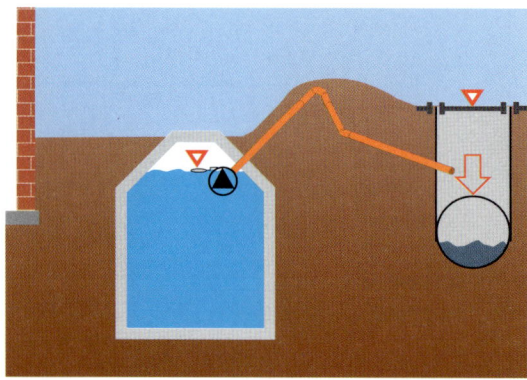

Bei höherliegender Rückstauebene muß das Wasser mit einer schwimmergesteuerten Pumpe bis über die Rückstaubebene hinauf gepumpt werden

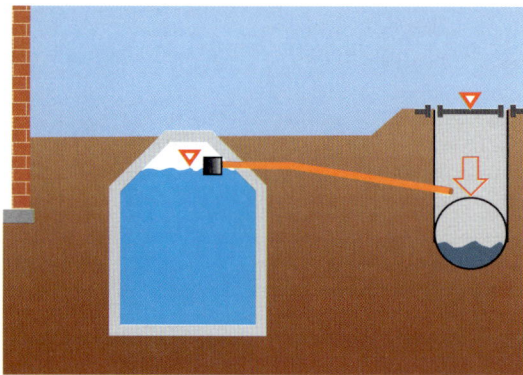

Eine Alternative für außenliegende Zisternen ist ein Überlauf mit Rückstauklappe, die ein Eindringen des Kanalwassers in die Zisterne verhindert

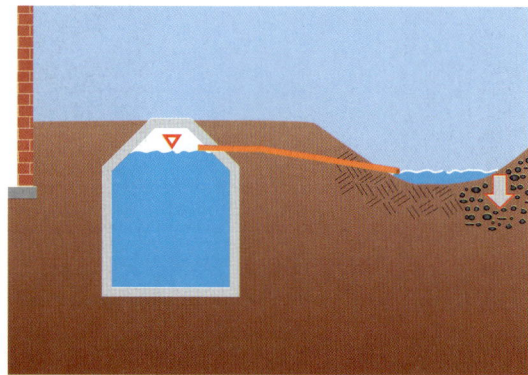

Die Muldenversickerung auf dem eigenen Grundstück ist eine ökologisch sinnvolle, aber genehmigungspflichtige Lösung

und bleibt der Mindestwasserstand jeweils über den Rohrenden, werden unterschiedliche Wasserstände in den Tanks automatisch immer wieder ausgeglichen, selbst dann, wenn diese Leitungen gleichzeitig als Saugleitungen für die Pumpe verwendet werden.

Tanküberlauf

Auch bei großzügig dimensionierten Tanks wird es immer wieder einmal passieren, daß bei einem Wolkenbruch mehr Regenwasser anfällt als in den Speicher paßt. Für diesen Fall muß ein Tanküberlauf vorhanden sein, damit das überschüssige Wasser abgeführt wird.

Am einfachsten ist es, das Überschußwasser direkt in die Kanalisation zu leiten. Für die technische Ausführung gelten die Richtlinien der DIN 1986 (Entwässerungsanlagen für Gebäude und Grundstücke). Je nach örtlichen Gegebenheiten und Vorschriften (Entwässerungssatzungen) ist hierfür vielleicht ein Fachmann zu beauftragen. Häufig kann der Kanalanschluß jedoch auch selber verlegt werden.

Dabei ist die Beachtung der Rückstauebene besonders wichtig. Sofern keine besondere Festlegung für Ihr Grundstück getroffen wurde, gilt allgemein die Höhe des Straßenschachts als Rückstauebene. Liegt der Zisternenüberlauf über dieser Rückstauebene, genügt ein Kanalrohr um das Wasser in die Kanalisation zu leiten. Dessen Durchmesser muß jedoch größer als der Zulauf sein. Häufig reichen aber schon Rohre mit 10 cm Durchmesser aus.

Um das Austreten von übelriechenden Gasen aus der Kanalisation zu vermeiden, sollte ein Geruchsverschluß verwendet werden. Er besteht aus einem Rohrbogen, der mit Wasser gefüllt bleibt, wie Sie es vom Waschbecken im Haus kennen.

Bei speichernaher Plazierung des Filters kann der Filterüberlauf zugleich als Überlauf für die Zisterne genutzt werden. Andernfalls sind jedoch getrennte Leitungen, also jeweils ein Überlauf für den Filter und für den Tank, vorzusehen.

Liegt der Überlauf unterhalb der Rückstau-ebene, muß das überschüssige Wasser mit einer schwimmergesteuerten Pumpe oder Hebeanlage in den Abwasserkanal gefördert werden. Am einfachsten ist es, wenn Sie eine Tauchpumpe verwenden und das Wasser in einen deutlich über der Rückstauebene liegenden Ablauf pumpen. In diesem Fall muß natürlich Vorsorge getroffen werden, daß die Pumpe jederzeit betriebsbereit ist. Aus Sicherheitsgründen sollte die Pumpe deshalb nicht mit einer herausziehbaren Stecker-verbindung, sondern fest an das Stromnetz angeschlossen werden.

Nur bei außenliegenden Zisternen kann auch eine Überlaufleitung mit einer Rückstauklap-pe benutzt werden. Sie verhindert, daß Schmutzwasser aus dem Kanal in den Regen-wasserspeicher fließt. Allerdings kann dann auch kein Regenwasser mehr aus der Zister-ne in den Kanal überlaufen. Der Wasserstand würde in diesem Fall weiter ansteigen, bis das Wasser aus der Einstiegsöffnung in den Gar-ten fließt. Da bei Regenwasserspeichern im Haus bei geschlossener Rückstauklappe der Keller unter Wasser gesetzt würde, verbietet sich diese Lösung für Innenräume.

Versickerung

Eine ökologisch sinnvolle Lösung ist die Ver-sickerung des überschüssigen Regenwassers auf dem eigenen Grundstück. Hierfür sind eine gute Bodendurchlässigkeit sowie ein ausreichender Abstand zum Grundwasser-spiegel Voraussetzung. Mit Ausnahme der Flächenversickerung sind für alle anderen Ver-sickerungslösungen in der Regel Genehmi-gungen der örtlichen Behörden erforderlich.

Bei der Flächenversickerung kann das über-schüssige Regenwasser über ein Rohr oder eine Rinne aus Holz oder Stein in den Garten geleitet werden. Die Versickerungsfläche muß genügend Abstand zur Hauswand haben und groß genug sein, damit kein Wasser auf Nachbargrundstücke oder auf die Straße läuft.

Eine Alternative ist die Muldenversickerung, bei der das Wasser in eine etwa 10 bis 30 cm tiefe Mulde mit wasserdurchlässigem Boden geführt wird. Die Mulde muß groß genug sein, um die anfallende Wassermenge abzu-führen. Außerdem sollte sie mindestens 4 m von der Hauswand entfernt liegen, um Feuch-tigkeitsschäden am Haus zu vermeiden.

Eine weitere Lösung für die Versickerung bie-tet ein Versickerungsschacht, der je nach Wasserdurchlässigkeit des Bodens und Höhe des Grundwasserspiegels geplant werden muß. Auch der Bau einer kombinierten Sam-mel- und Sickerzisterne, bei der das über-fließende Regenwasser direkt in die mit Sickerkies gefüllte Zisternengrube geleitet wird, ist denkbar. In diesem Fall muß jedoch die Zisterne relativ weit vom Haus entfernt sein, was den Installationsaufwand für die Regenwasserzuleitung und den Pumpen-anschluß vergrößert.

Nähere Informationen über die bei Ihnen zu realisierenden Versickerungsmöglichkeiten erhalten Sie bei Ihrer örtlichen Baubehörde oder den Wasserämtern.

Die Sickerzisterne dient als Regenwasserspeicher und Sickerschacht zugleich. Überlaufendes Was-ser wird durch die Zisternengrube abgeführt

Einfache Gartenpumpen eignen sich nur für die kurzzeitige Nutzung des gespeicherten Regenwassers im Garten

Dieses kompakte Hauswasserwerk mit Kreiselpumpe liefert 50 l/min bei 2 bar Druck. Der Maximaldruck beträgt 4 bar

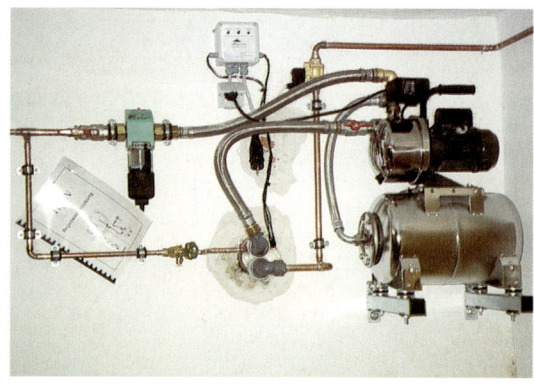

Hauswasserwerk mit 20 Liter großem Druckbehälter aus Edelstahl. Durch die Speicherwirkung des Behälters muß die Pumpe nicht so oft anspringen

Pumpenanlage

Um das in der Zisterne gespeicherte Regenwasser nutzen zu können, benötigen Sie eine geeignete Pumpe. Welche Art von Pumpe Sie einsetzen sollten, hängt von der gewünschten Benutzung und den angeschlossenen Verbrauchern ab.

Die einfachste Lösung kann eine manuelle Schwengelpumpe sein. Sie bietet jedoch mehr einen nostalgischen Effekt als einen praktischen Nutzen. Denn das Wasser mit der Hand aus der Zisterne zu pumpen, ist sehr mühsam, selbst wenn es nur für die Gartenbewässerung genutzt werden soll. Allerdings bietet sie sich durchaus als dekorative Ergänzung zu einer motorbetriebenen Pumpe an.

Das Angebot von elektrischen Pumpen reicht von einfachen Gartenpumpen für weniger als hundert Mark bis hin zu mehrere tausend Mark teuren Hauswasserwerken. Da das Regenwasser meist einen etwas niedrigeren pH-Wert als Trinkwasser hat, also leicht sauer ist, sollten Sie bei der Pumpenwahl eine Edelstahlpumpe einer billigeren Graugußpumpe vorziehen. Denn an Stahl- und Graugußteilen kann es mit der Zeit zu Korrosionen kommen. Preiswerte Graugußpumpen empfehlen sich lediglich dann, wenn sie nur wenige Wochen im Jahr benutzt werden. Für einen ganzjährigen Betrieb, wie er bei der Nutzung von Regenwasser im Haushalt notwendig ist, scheiden sie aus.

Denken Sie daran, daß die Pumpenanlage das Herzstück Ihrer Versorgung mit Regenwasser ist. Wenn sie ausfällt, steht an den angeschlossenen Verbrauchern kein Wasser zur Verfügung.

Wollen Sie das Wasser nur zum Blumengießen verwenden, genügt schon eine einfache Gartenpumpe deren Saugleitung bei Bedarf in den Regenwasserspeicher gehängt wird. Praktischer ist eine Tauchpumpe, die schon ab ein paar hundert Mark zu haben ist. Diese Pumpe können Sie an einer Leine in den Tank hereinlassen. Sie arbeitet unter Wasser fast geräuschlos und fördert je nach

Ausführung und Stärke das Wasser in einem Gartenschlauch einige Meter hoch.

Tauchpumpen saugen meist auch leicht verschmutztes Wasser ohne Probleme und liefern eine große Fördermenge. Sie haben aber nur einen geringen Druck. Deshalb eignen sie sich nicht für den Anschluß von Gartenregnern und erst recht nicht für die Hausversorgung mit Regenwasser.

Tauchpumpen werden jedoch häufig eingesetzt, wenn die Rückstauebene höher als der Überlauf liegt. Um das überschüssige Wasser in den Kanal zu pumpen, werden sie oben in den Tank gehängt und schalten sich mit einem Schwimmerschalter automatisch ein, wenn der maximale Füllstand erreicht ist.

Mit einer Tauchdruckpumpe können sowohl Regner für die Wasserverteilung im Garten als auch Verbraucher im Haus versorgt werden. Diese auch als Brunnenpumpen bezeichneten Geräte werden ebenfalls direkt ins Wasser gesetzt. Damit kein Schmutz vom Tankboden angesaugt wird, sollte eine Tauchdruckpumpe mindestens 5 bis 10 cm über dem Boden aufgehängt werden. Tauchdruckpumpen liefern einen relativ hohen Druck und auch eine große Fördermenge. Sie werden vor allem dann eingesetzt, wenn keine Pumpengeräusche im Haus zu hören sein sollen.

Eine andere Alternative sind Jetpumpen. Sie sind sehr einfach aufgebaut und selbstansaugend. Das heißt, sie saugen das Wasser aus dem Tank auch dann an, wenn sich Luft in der Saugleitung befindet. Die starke Saugleistung ist notwendig, da diese Pumpen nicht wie die Tauchpumpen direkt im Wasser, sondern im Keller eingebaut werden und über eine Saugleitung das Wasser aus dem Sammelspeicher fördern. Jetpumpen sind sehr robust und preiswert, haben jedoch einen relativ hohen Energieverbrauch. Außerdem sind sie sehr laut.

Eine kostspieligere Lösung ist eine Kreiselpumpe, die es in normalsaugender und selbstansaugender Ausführung gibt. Sie verbraucht etwa 30 Prozent weniger Strom als eine vergleichbare Jetpumpe und ist relativ laufruhig.

Die Tauchpumpe kommt direkt ins Wasser. Den Schwimmerschalter kann man zur Überlaufsteuerung oder als Trockenlaufschutz einsetzen

Auch bei selbstansaugenden Pumpen muß das Pumpengehäuse vor der ersten Inbetriebnahme mit Wasser aufgefüllt werden

Allerdings sind Kreiselpumpen auch wesentlich teurer. Dennoch sollte eine Kreiselpumpe, möglichst in mehrstufiger Ausführung, die erste Wahl für eine Hauswasserversorgung mit Regenwasser sein.

Nur wenn die Pumpe unterhalb des Wasserstands im Speicher eingebaut wird, sollten Sie eine normalsaugende Pumpe verwenden. Bei ihr ist zu beachten, daß der Saugschlauch immer vollständig mit Wasser gefüllt sein muß, damit die Pumpe überhaupt Wasser aus dem Tank ansaugen kann.

Wenn Sie sich um eine aufgefüllte Saugleitung keine Gedanken machen wollen, ist eine selbstansaugende Pumpe vorzuziehen. Allerdings muß auch bei diesen Pumpen das Pumpengehäuse vor der ersten Inbetriebnahme mit Wasser gefüllt werden. Nach dem Einschalten wird dieses Wasser so lange im Kreislauf umgepumpt, bis alle Luft aus der Saugleitung herausgesaugt ist und das Wasser aufschließt. Selbstansaugende Pumpen lassen sich also wesentlich einfacher in Betrieb nehmen und sind auch nicht so störanfällig gegen Luft in der Saugleitung.

Wichtig ist bei allen Pumpenarten, für einen Trockenlaufschutz zu sorgen, denn längere Trockenlaufphasen haben einen hohen Verschleiß zur Folge. Der einfachste Trockenlaufschutz ist ein Schwimmerschalter an der Saugleitung, der die Pumpe abschaltet, wenn der Wasserspiegel auf wenige Zentimeter über die Saugöffnung abgesunken ist.

Für die Wahl der richtigen Pumpe gilt es, nicht nur die geförderte Wassermenge mit dem Wasserverbrauch der angeschlossenen Verbraucher zu vergleichen, sondern es muß auch der Druckverlust in den Saug- und Druckleitungen berücksichtigt werden.

Allgemein gilt, daß pro 1 m senkrechte Saug- und Druckhöhe 0,1 bar benötigt werden. Um die Reibungsverluste in den Leitungen mit zu berücksichtigen, rechnen Sie pro Meter waagerechte Leitung ebenfalls 0,1 bar. Muß die Pumpe das Wasser 7 m hoch fördern und 10 m waagerecht transportieren, so ergibt sich ein Druckverlust an den Zapfstellen von

0,7 bar + 1 bar = 1,7 bar. Wenn nun an den Zapfstellen noch ein Druck von etwa 4 bar zur Verfügung stehen soll, wie er in der Hauswasserleitung üblich ist, muß die Pumpe mindestens 1,7 bar + 4 bar = 5,7 bar liefern. Wollen Sie sich mit nur 2 bar Druck an den Zapfstellen begnügen, würde schon eine Pumpe reichen, die 3,7 bar leistet. Dann stellt sich jedoch die Frage, ob bei diesem Druck auch noch die gewünschte Wassermenge aus der Leitung strömt.

Weil die in den meisten Prospekten angegebene maximale Fördermenge jedoch nie für den Maximaldruck gilt, muß für eine gezielte Auswahl der Pumpe die Kennlinie berücksichtigt werden.

Sie gibt an, bei welcher Förderhöhe beziehungsweise welchem Druck wieviel Wasser gepumpt wird. Auf der y-Achse der Grafik wird die Förderhöhe H [m] oder der Druck (bar) angegeben. Da 10 m Höhe 1 bar entsprechen, können Sie die Werte aus unserer ersten Rechnung leicht umrechnen. Dort, wo die Pumpenkennlinie die ausgewählte Höhe schneidet, können Sie am unteren Rand der Grafik die Literleistung pro Minute (manchmal auch Kubikmeter pro Stunde) ablesen. Diese Fördermenge sollte Ihrem Bedarf möglichst nahekommen.

Die gewünschte Fördermenge ist abhängig von den angeschlossenen Verbrauchern. Bei einem WC-Spülkasten darf das Wasser ruhig langsam nachlaufen. Hier genügen etwa 10 l/min, um den Spülkasten in weniger als einer Minute wieder zu füllen. Wenn Sie jedoch Druckspüler in Ihrem Haus haben, sollte laut DIN 1988 eine Wassermenge von 72 l/min zur Verfügung stehen.

Etwas genügsamer ist die Waschmaschine. Sie kommt mit 20 bis 30 l/min aus, moderne, wassersparende Geräte vielleicht sogar mit noch weniger Wasser. Außerdem halten die meisten Waschmaschinen ihr Programm an, solange der erforderliche Wasserstand noch nicht erreicht ist.

Gartenregner versprühen je nach Ausführung und Größe etwa 10 bis 20 l/min.

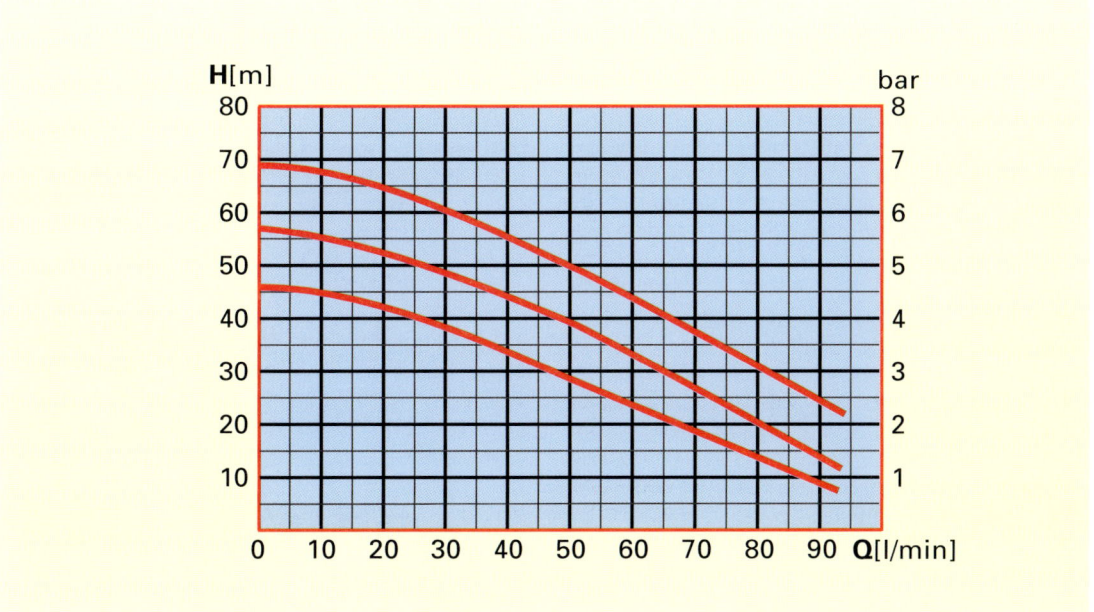

Die Kennlinien dieses Diagramms zeigen die Fördermenge von drei Hauswasserwerken unterschied-licher Leistung. Tragen Sie den benötigten Druck und die gewünschte Fördermenge ein. Die Pumpe, deren Kennlinie am dichtesten an diesem Punkt liegt, sollte Ihre erste Wahl sein

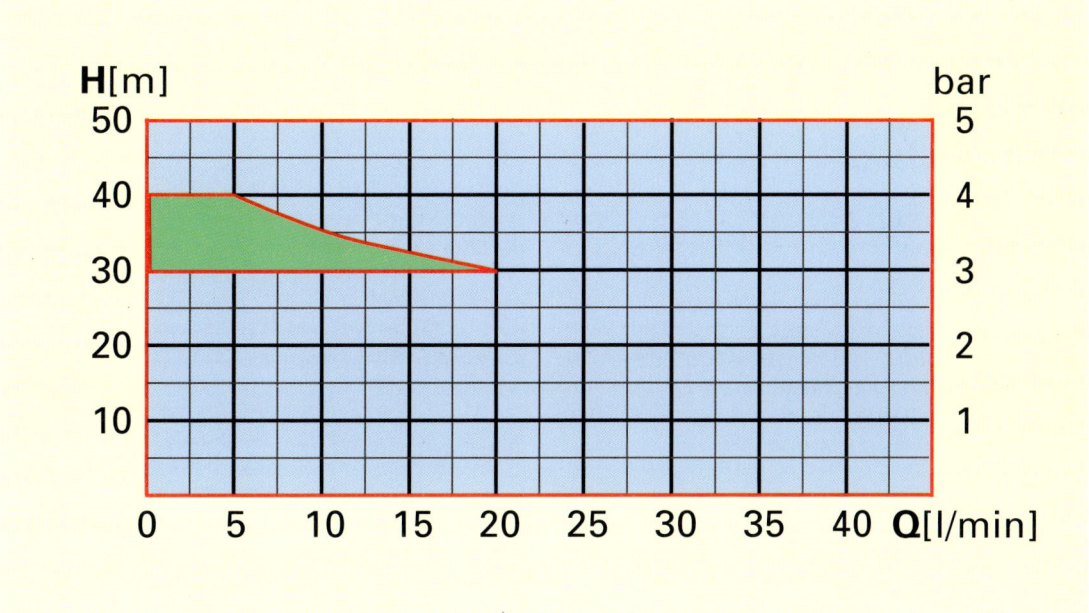

Diese Pumpenkennlinie beschreibt den optimalen Einsatzbereich einer Jetpumpe. Wenn Ihre Leistungs-vorgabe innerhalb des markierten Feldes liegt, kann diese Pumpe für den Einsatz in Ihrer Regenwasser-nutzungsanlage in Frage kommen

Wenn Sie den Wasserverbrauch aller Verbraucher zusammenrechnen, erhalten Sie die Fördermenge, die die Pumpe liefern sollte. Da jedoch kaum alle Verbraucher gleichzeitig in Betrieb sind, können Sie die Summe ruhig etwas nach unten abrunden. Auch einen Wasserhahn im Keller, an dem Sie gelegentlich einen Putzeimer füllen, dürfen Sie bei der Berechnung der Fördermenge unberücksichtigt lassen.

Sollen an Ihrer Regenwassernutzungsanlage zwei Toiletten, eine Waschmaschine sowie ein Gartenregner angeschlossen werden, so ergibt sich ein Maximalverbrauch von etwa 60 l/min. So viel Wasser wird jedoch selten verbraucht. In der Praxis werden Sie wohl mit einer Pumpe, die etwa 45 bis 55 l/min liefert, gut zurechtkommen.

Achten Sie darauf, daß die Pumpe optimal auf Ihren Wasserverbrauch abgestimmt ist. Eine zu große Pumpe hat nur sehr kurze Einschaltzeiten. Im ungünstigsten Fall würde sie dauernd ein- und ausschalten, was sehr unwirtschaftlich ist und zu hohem Verschleiß führt. Eine zu klein dimensionierte Pumpe wäre dagegen schnell überlastet. Sie müßte häufig an ihrer Leistungsgrenze arbeiten und würde doch nicht genügend Wasser pumpen.

Pumpensteuerung

Damit die Pumpe nicht dauernd in Betrieb ist oder jeweils manuell ein- und ausgeschaltet werden muß, sorgt ein elektromechanischer oder elektronischer Druckschalter für die Pumpensteuerung. Bei einem Druckabfall in der Regenwasserleitung infolge Wasserentnahme schaltet er die Pumpe ein. Ist der eingestellte Maximaldruck wieder erreicht, schaltet er die Pumpe aus. Wird erneut an einer Zapfstelle Wasser entnommen, sinkt der Druck in der Leitung, und die Pumpe wird wieder in Betrieb gesetzt. So steht an den Verbrauchern immer genügend Wasserdruck zur Verfügung.

Um die beim Ein- und Ausschalten der Pumpe entstehenden Druckstöße abzufangen, die zu Schäden im Leitungssystem führen können,

werden die Pumpen oft mit einem kleinen Druckregelautomaten kombiniert. Das ist ein Behälter mit einer Flachmembran und einem Luftpolster, das die Druckstöße abpuffert. Das Volumen ist jedoch meist sehr gering, so daß die Pumpe dennoch bei jedem Öffnen einer Zapfstelle anspringt.

Mit einem größeren Druckbehälter kann die Zahl der Einschaltintervalle etwas verringert und der Wasserdruck in der Leitung besser konstant gehalten werden. Üblich sind Ausdehnungsgefäße mit etwa 10 bis 25 Liter Fassungsvermögen. Da hier jedoch das Luftvolumen mit zu berücksichtigen ist, springt die Pumpe bereits dann wieder an, wenn etwa die Hälfte des Behälterinhalts verbraucht ist. Bei einem 18-Liter-Behälter und einem Spülkasten mit 9-Liter-Spülung also bei jeder größeren Toilettenspülung, nicht jedoch bei den Sparspülungen fürs kleine Geschäft.

Um eine deutliche Einschaltreduzierung zu erhalten, müßte der Druckbehälter etwa 50 bis 100 l aufnehmen können. Da diese Behälter jedoch sehr teuer sind, werden sie nur selten eingesetzt. Bei zu großen Behältern, in denen das Wasser zu lange verweilt, besteht außerdem die Gefahr einer Nachverkeimung.

Sie können sich die Pumpe sowie die Steuereinheit und einen Ausgleichbehälter zwar individuell zusammenstellen. Sinnvoller ist es jedoch, bereits aufeinander abgestimmte Komponenten zu erwerben. Sind sie bereits vormontiert, werden sie unter dem Begriff Hauswasserwerk verkauft. Ein Hauswasserwerk ist nämlich nichts anderes als eine Pumpe mit Druckschalter (häufig mit Manometer) und Ausgleichbehälter.

Ansauggarnitur

Für den Anschluß der Pumpe im Regenwasserspeicher benötigen Sie, wenn es sich nicht um eine Tauchpumpe oder eine Tauchdruckpumpe handelt, einen vakuumfesten Saugschlauch. Außerdem sollte ein Saugkorb aus feinem Draht verhindern, daß Schmutz in die Ansaugöffnung eindringen und sich festsetzen kann. In der Regel wird der Saugschlauch so im Tank angebracht, daß die Ansaugöffnung etwa 10 cm über dem Boden hängt, um möglichst wenig Schmutz mit anzusaugen.

Die beste Wasserqualität ist jedoch knapp unter der Wasseroberfläche zu finden. Mit einem Schwimmfilter läßt sich das Wasser auch im oberen Bereich absaugen. Eine luftgefüllte Schwimmkugel hält den Filter mit der Ansaugöffnung immer wenige Zentimeter unter der Wasseroberfläche.

Ein Hersteller bietet einen speziellen Zisternenanschluß an, der aus einem 7 Liter fassenden Edelstahlbehälter besteht. Dieser Behälter ist zugleich Trockenlaufschutz und Entnahmepuffer für die Trinkwassernachspeisung. Der Behälter wird am Boden des Tanks eingebaut und füllt sich automatisch mit dem Wasser aus der Zisterne. Sinkt der Wasserspiegel ab, gibt ein elektronischer Wasserstandsmelder ein Signal an die Frischwassernachspeisung. Das Trinkwasser wird direkt in den Behälter nachgespeist und kann durch eine Rückschlagklappe nicht in die Zisterne entweichen. So muß bei Wassermangel nicht der Wasserstand im großen Regenwasserspeicher erhöht werden. Es genügt, immer nur 7 Liter Frischwasser nachzufüllen.

Hausinstallation

Für die Versorgung der Verbraucher im Haus müssen vom Trinkwassernetz getrennte Wasserleitungen verwendet werden. Dieses läßt sich natürlich am einfachsten beim Neubau realisieren. Doch auch nachträglich können Regenwasserleitungen verlegt werden. Da der Einbau unter Putz relativ aufwendig ist und auch viel Schmutz verursacht, bietet sich hier die Vorwandinstallation an, bei der die Leitungen hinter einem kleinen Wandvorsprung verschwinden. Wo bereits eine Vorwandinstallation besteht, können die Regenwasserleitungen meist auch mit geringem Installationsaufwand nachträglich eingesetzt werden. Da es sich in der Regel nur um eine einzelne Regenwaserleitung handelt, reicht häufig auch schon eine vergrößerte Sockel- oder Eckleiste, um das Rohr zu verdecken. Wo es nicht weiter stört, kann die Regenwas-

Durch die Schwimmkugel wird der Saugkorb stets knapp unter der Wasseroberfläche gehalten, wo das Wasser am saubersten ist

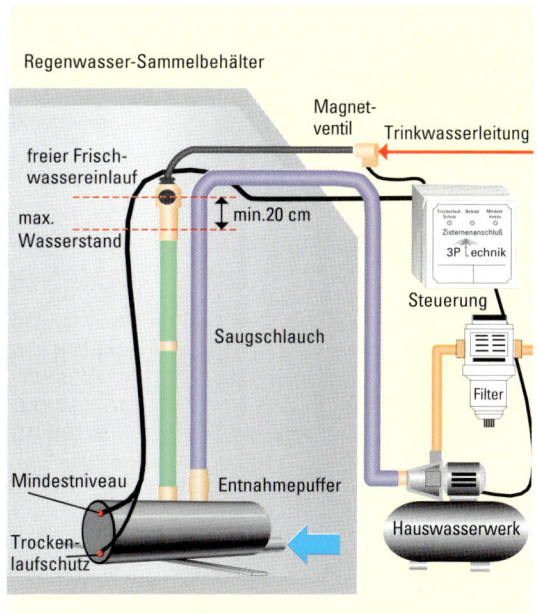

Dieser Zisternenanschluß aus Edelstahl dient auch als Minispeicher für die Frischwassernachspeisung und hilft so, Trinkwasser zu sparen

Ein Feinfilter in der Versorgungsleitung empfiehlt sich, wenn man das Regenwasser auch in der Waschmaschine nutzen will

Für die Reinigung muß bei diesem rückspülbaren Filter die untere Kappe bis zum Anschlag aufgedreht und wieder geschlossen werden

serleitung jedoch auch auf Putz verlegt werden. Wenn die künftigen Regenwasserverbraucher alle an einer eigenen Steigleitung hängen, von der später kein Trinkwasser abgezapft werden muß, genügt es auch, nur den Rohranschluß im Keller zu ändern.

Als Material für Regenwasserleitungen bieten sich die üblichen Rohrwerkstoffe an. Wegen des niedrigen pH-Wertes würden wir Kupferrohre, die bei saurem Wasser eher zu Lochfraß neigen, nur für die sichtbare Verlegung der Rohre auf Putz empfehlen. Eine Alternative, die durch einfache Verbindungstechniken auch gut für den Heimwerker geeignet ist, sind Kunststoffrohre. Sie sind stabil gegen saures Wasser und können deshalb auch problemlos unter Putz oder in einer Vorwandinstallation verlegt werden.

Zu beachten ist, daß keine Verbindung zu Trinkwasserleitungen entsteht. Die gemeinsame Versorgung eines Verbrauchers mit Trink- und Regenwasser darf nur über einen freien Einlauf realisiert werden, damit bei einem Unterdruck in der Trinkwasserleitung kein Regenwasser eingesaugt wird.

Um Verwechslungen zu vermeiden, sollten Regenwasserleitungen am besten mit einem Trassenband mit dem Aufdruck Regenwasser verlegt werden. Außerdem sollte an der Wasseruhr im Keller ein Schild den Installateur darauf hinweisen, daß in diesem Haus eine Regenwassernutzungsanlage installiert ist. Frei zugängliche Zapfstellen, wie zum Beispiel der Wasserhahn im Keller oder der Gartenanschluß, sind außerdem mit der Aufschrift „Kein Trinkwasser" oder einem entsprechenden Warnsymbol zu kennzeichnen.

Feinfilter

Bei guter Vorfilterung des zulaufenden Regenwassers wird in den Versorgungsleitungen im Haus oft kein weiterer Filter benötigt. Das Wasser ist so sauber, daß es ohne weiteres für Reinigungsarbeiten und die Toilettenspülung verwendet werden kann. Nur wenn das Wasser auch in der Waschmaschine verwendet werden soll, empfiehlt sich der Ein-

Kunststoffrohre für die Hausinstallation gibt es aus verschiedenen Materialien: PVC-Rohre aus chloriertem **Polyviniychlorid (PVC-C)** sind steif und warm verformbar. Sie werden mit Klebe- oder Klemmverbindern verlegt. Wegen der schlechten Umweltverträglichkeit sind sie jedoch eher kritisch zu beurteilen.

Rohre aus **Polyäthylen (PE)** werden am häufigsten verwendet. Sie sind flexibel und haben ein geringes Gewicht. Die einzelnen Rohre werden mit Preß- oder Klemmverbindern verbunden. Die etwas teureren Rohre aus vernetztem Material **(PE-X)** sind auch bei hohen Temperaturen beständig. Für die Regenwasserleitung sind PE-X-Rohre jedoch nicht notwendig.

Auch Rohre aus **Polybuten**, einem thermoelastischen Kunststoff, sind flexibel. Sie können sowohl verschweißt wie auch mit Klemmverbindern verlegt werden.

Aus **Polypropylen (PP)** werden Rohre hergestellt, die steif, aber thermoelastisch sind. Die übliche Verbindungsart bei PP-Rohren ist das Muffenschweißen.

Verbundrohre bestehen aus einem mehrschichtigen Material. Zwischen zwei Kunststofflagen (meist PE-X) befindet sich eine Metalleinlage, die für die mechanische Festigkeit des Rohres sorgen soll.

Je nach verwendetem Rohrwerkstoff werden unterschiedliche Verbindungstechniken angewandt. Klemmverschraubungen erfordern teure Fittings, sind jedoch leicht auszuführen und jederzeit wieder lösbar. Preiswerter sind die Fittings für Preßverbindungen. Sie erfordern jedoch den Einsatz eines speziellen Preßwerkzeugs und sind nicht mehr lösbar. Die Verbindungsstücke für das Muffenschweißen und Kleben sind am preiswertesten. Auch das Verfahren ist einfach. Jedoch ist ein spezielles Muffenschweißgerät erforderlich, das man aber auch ausleihen kann.

Die komplette Regenwassertechnik auf einen Blick: Das Wasser wird hier mit einem Wirbelfilter gereinigt, bevor es in den Tank fließt. Filter und Tank haben getrennte Überläufe, die in ein einziges Rohr münden. Das Hauswasserwerk versorgt in diesem Beispiel WC und Waschmaschine mit Regenwasser

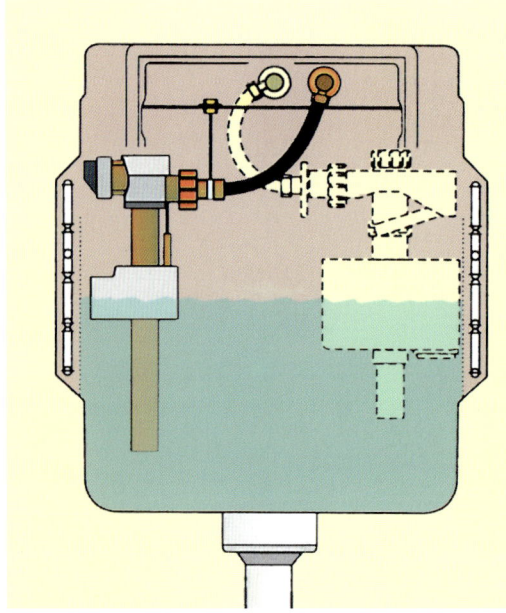

Mit einem zweiten Spülkasteneinlauf kann die WC-Spülung wahlweise mit Regenwasser oder Trinkwasser betrieben werden

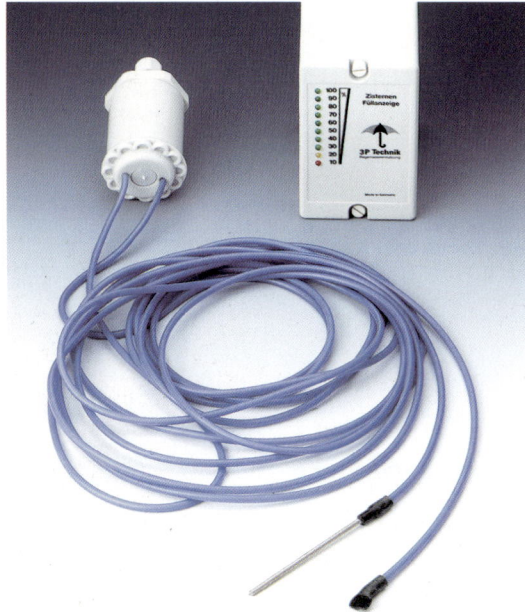

Elektronische Füllstandsanzeiger wie der hier abgebildete können gleichzeitig als Steuerung für die Frischwassernachspeisung dienen

bau eines Feinfilters. Hierbei handelt es sich um einen Tassenfilter, mit einem engmaschigen Sieb. Für die gelegentliche Filterreinigung muß die Wasserleitung entleert und das Gehäuse des Filters abgeschraubt werden.

Einfacher in der Handhabung sind Rückspülfilter, bei denen der Schmutz durch das Aufdrehen eines Ablaufs weggespült wird. Eine Entleerung der Leitung ist dafür nicht notwendig.

Frischwassernachspeisung

Da in unseren Breiten zeitweilig längere Trockenperioden auftreten, kann es passieren, daß der gespeicherte Regenwasservorrat nicht ausreicht. Um die an die Regenwassernutzungsanlage angeschlossenen Verbraucher jedoch weiterhin mit Wasser zu versorgen, muß bei leerem Tank Trinkwasser nachgespeist werden. Nur wenn Sie die Regenwassernutzung auf den Garten beschränken, können Sie auf eine Frischwassernachspeisung verzichten und den Schlauch zum Rasensprengen an einem anderen Wasserhahn anschließen.

Bei einer Regenwasserinstallation im Haus geht dies jedoch nicht, da die Verbraucher fest angeschlossen sind und die Versorgung der einzelnen Zapfstellen mit zwei Leitungen sehr aufwendig wäre, zumal berücksichtigt werden muß, daß kein Regenwasser in die Trinkwasserleitung zurückgesaugt werden darf. Lediglich bei WC-Spülkästen wäre es denkbar, zwei getrennte Einläufe anzuschließen. Ein Anbieter hat ein entsprechendes Einbauventil zum Nachrüsten vorhandener Spülkästen in seinem Programm. Zwischen beiden Einlaufventilen kann per Hand oder automatisch umgeschaltet werden.

In der Regel erfolgt die Frischwassernachspeisung jedoch zentral für die gesamte Anlage. Theoretisch würde ein einfacher Wasserhahn genügen, mit dem bei längeren Trockenperioden Wasser in den Speicher nachgefüllt wird. Weil dies jedoch sehr umständlich ist, wird allgemein eine automatische Steuerung bevorzugt. Dafür kommt ein

Meßfühler in den Tank, der bei Unterschreiten des Mindestwasserstands ein Signal an die Steuereinheit gibt, welche ihrerseits ein elektromagnetisches Zulaufventil öffnet. Als Meßfühler kommt ein einfacher Schwimmerschalter oder eine Meßleitung mit Füllstandsanzeige in Betracht. In der Regel werden elektronische Füllstandsanzeiger verwendet, die über eine manuell abrufbare Leuchtdiodenanzeige den Wasserstand im Tank (in Zentimeter, Prozent oder Liter) ausweisen und gleichzeitig das Ventil für die Frischwassernachspeisung steuern. Zusätzlich dient diese Steuerung als Trockenlaufschutz für die Pumpe.

Um nicht unnötig viel Trinkwasser in den Tank laufen zu lassen, sollten sich die Schaltpunkte für das Ein- und Ausschalten des Nachspeiseventils sehr eng beieinander einstellen lassen. Denn je weiter sie voneinander entfernt liegen, desto mehr Wasser muß nachlaufen, bis der Füllstand der Zisterne den zweiten Schaltpunkt erreicht hat.

Meistens werden Fühler für kapazitive Messungen verwendet. Diese bestehen aus zwei Kabeln, die in den Tank gehängt werden, und einer Anschlußeinheit, an der die Schaltpunkte individuell eingestellt werden können. Damit lassen sich die Schaltpunkte genauer festlegen als bei Schwimmerschaltern und somit Wasser sparen.

Alternativen für den sparsamen Umgang mit Trinkwasser sind der schon erwähnte Zisternenanschluß mit eingebautem Meßfühler und einem kleinen Wasserspeicher oder eine Nachspeisebox, die getrennt vom Regenwasserspeicher mit Wasser gefüllt wird, und aus der bei Bedarf das Frischwasser direkt in die Saugleitung der Pumpe fließt.

Wenn der Regenwasserspeicher weit vom Hauswasserwerk entfernt liegt, so daß eine sehr hohe Pumpleistung erforderlich wäre, kann auch ein zusätzlicher Pufferspeicher im Keller eingesetzt werden. Eine Tauchpumpe in der Zisterne transportiert das Wasser in diesen Zwischenspeicher, aus dem es dann mit einer Kreiselpumpe entnommen und zu den Verbrauchern im Haus weitergepumpt

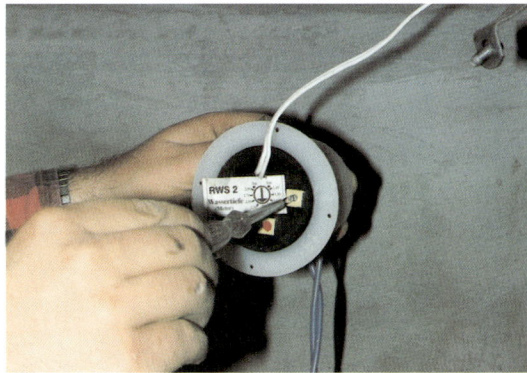

Die Anschlußeinheit für den Wasserstandsfühler wird im Deckel des Regenwassertanks montiert und auf die Länge der Meßleitung eingestellt

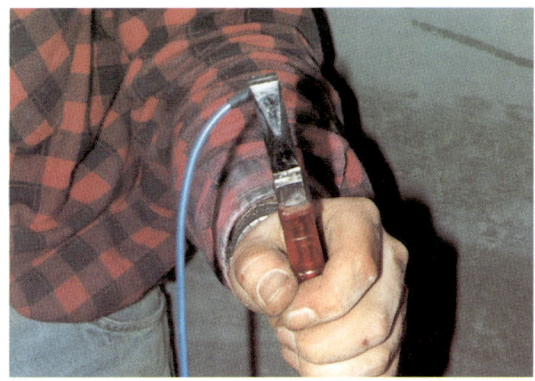

Die Meßleitung muß auf die Tiefe des Tanks zugeschnitten werden. Auf die Enden wird dann ein Schrumpfschlauch aufgesteckt

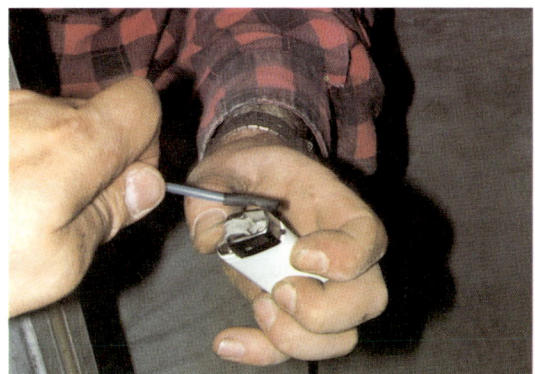

Mit Heißluft oder einer Feuerzeugflamme wird der Schrumpfschlauch so weit erwärmt, daß er sich fest um das Leitungsende zusammenzieht

Die Meßleitung für den Wasserstand hängt lose vom Deckel der Zisterne herab. Hier ist sie direkt neben dem Überlaufsyphon eingebaut

Installation des Hauswasserwerks im Keller: Links oben befindet sich der freie Auslauf, hier mit einem Trichter für die Frischwassernachspeisung

Im Vordergrund ist die Versorgungsleitung mit dem Feinfilter zu sehen, rechts im Hintergrund das Magnetventil für die Frischwassernachspeisung

wird. Bei Wassermangel muß nur der kleine Zwischenspeicher und nicht die große Regenwasserzisterne mit Wasser gefüllt werden.

Die Nachspeisung des Trinkwassers in den Regenwassertank und auch in einen Zwischenspeicher muß nach den technischen Regeln der DIN 1988 über einen freien Auslauf erfolgen. Das heißt, zwischen dem Auslauf des Wasserhahns und dem Einlauf des Regenwassertanks muß ein lichter Abstand sein, der größer als der doppelte Rohrdurchmesser ist, mindestens aber 2 cm beträgt, damit bei einem Unterdruck in der Trinkwasserleitung kein Regenwasser eingesaugt wird.

Wenn das Auslaufrohr im Abstand von 2 cm über einen Trichter gesetzt, so ist das die einfachste und häufigste Lösung. Um die Funktion der Frischwassernachspeisung leicht kontrollieren zu können, wird der freie Auslauf in der Regel im Keller untergebracht.

Eine andere Lösung ist ein spezieller Messing-Zulaufkopf mit zwei großen seitlichen Bohrungen, die den freien Auslauf garantieren. Dieser Zulaufkopf kann auch oberhalb des Tanküberlaufes, zum Beispiel im Zisternenschacht, in die Nachspeiseleitung eingesetzt werden. Im Keller befindet sich dann lediglich die Steuereinheit und das elektrisch geschaltete Ventil, von dem eine feste Rohrverbindung mit Zulaufkopf zum Tank führt.

Auch die Installation eines Rohrunterbrechers (Typ A1), wie er zum Beispiel bei Druckspülern verwendet wird, ist nach DIN 1988 erlaubt.

Da die Trinkwassernachspeisung oft wochenlang nicht benutzt wird, jedoch immer betriebsbereit sein muß, um bei Wassermangel sofort Trinkwasser nachspeisen zu können, erfordern die Steuerung und das elektromagnetische Ventil besondere Aufmerksamkeit. Deren Funktion sollte regelmäßig kontrolliert werden.

Um ein Verkalken zu verhindern, ist es sinnvoll, das Ventil über eine Schaltuhr alle paar Tage für einige Sekunden zu betätigen. Der Wasserverbrauch dafür ist minimal, jedoch wird die Betriebssicherheit der Anlage erhöht.

Die Berechnung von Regenwassernutzungsanlagen

Die Tankgröße

Nachdem Sie die einzelnen Bausteine einer Regenwassernutzungsanlage kennengelernt haben, kann es jetzt an die konkrete Planung gehen. Die wichtigste Frage lautet: Wie groß muß der Regenwasserspeicher sein? Die Dimensionierung des Speichers hängt von zwei Faktoren ab: dem Regenwasserertrag und dem Wasserbedarf.

Regenwasserertrag

Der zu erzielende Regenwasserertrag ist abhängig von der Niederschlagsmenge, der Größe und Ausführung der Regenauffangfläche (Dachfläche) sowie vom Wirkungsgrad des Regenwasserfilters.

Niederschlagsmenge

Die Niederschlagsmenge ist in den einzelnen Regionen Deutschlands sehr unterschiedlich. Während im Osten der Republik weniger als 600 mm Regen pro Jahr fallen, sind es im Voralpenland, aber auch im Schwarzwald, Harz und Sauerland deutlich über 1 200 mm. Die durchschnittliche Niederschlagsmenge in Deutschland liegt bei etwa 750 mm pro Jahr. Das heißt, würde sich der im Jahr fallende Regen ansammeln, dann stünde das Wasser 750 mm (75 cm) hoch. Pro Quadratmeter ergäbe sich so eine Wassermenge von 0,75 m³ oder 750 Litern.

Allerdings fällt diese Regenmenge nicht gleichmäßig über das ganze Jahr verteilt, sondern schwankt von Monat zu Monat. Im Sommer regnet es übrigens in unseren Breiten seltener, dafür aber um so stärker, so daß die monatliche Niederschlagsmenge gerade im Juni bis August ihren Höhepunkt erreicht.

Dies kommt einerseits der Nutzung von Regenwasser für die Gartenbewässerung entgegen, andererseits sorgen die Wolkenbrüche im Sommer schneller für ein Überlaufen der Zisterne, so daß nicht die gesamte Wassermenge nutzbar ist. Das gelegentliche

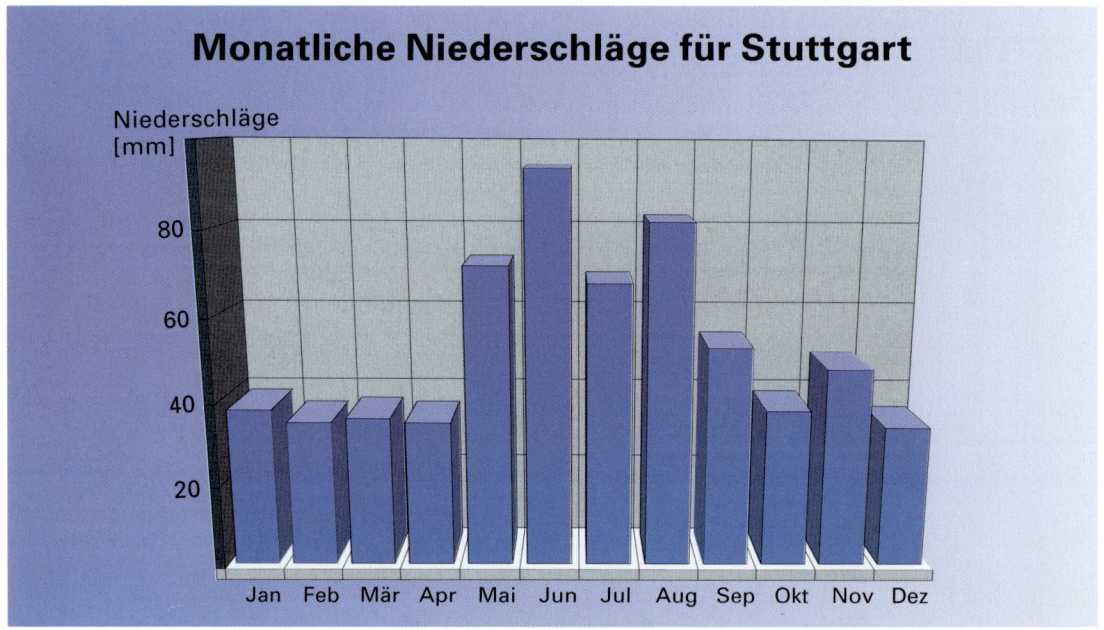

Monatliche Niederschläge für Stuttgart

Niederschläge [mm]

80
60
40
20

Jan Feb Mär Apr Mai Jun Jul Aug Sep Okt Nov Dez

Die monatlichen Niederschlagswerte (langjährige Mittelwerte für Stuttgart) schwanken deutlich. Die Gewittergüsse in den Sommermonaten sind meist besonders ergiebig. Im Winter fallen dagegen weniger Niederschläge (Regen und Schnee), so daß hier wohl öfter Frischwasser nachgespeist werden muß

Jahresniederschläge in Deutschland
(langjährige Mittelwerte)

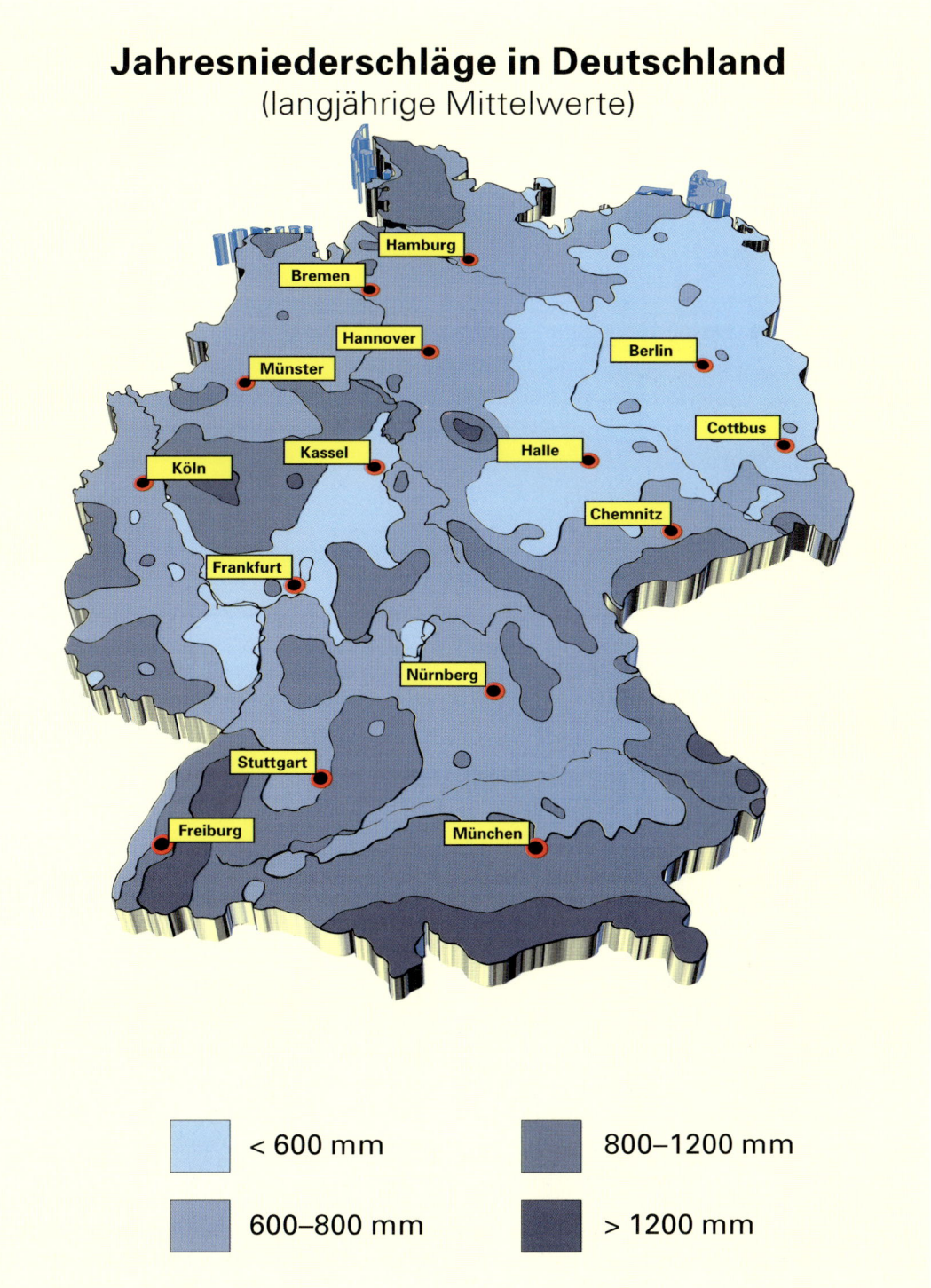

< 600 mm		800–1200 mm	
600–800 mm		> 1200 mm	

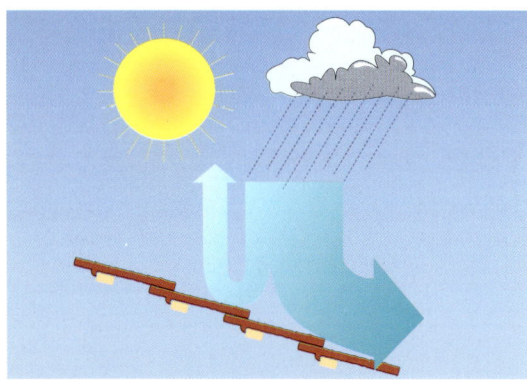

Ein Teil des Regenwassers verdunstet bereits auf dem Dach. Der Anteil, der in die Regenrinne fließt, ist abhängig von der Beschaffenheit des Daches

Abflußbeiwerte für unterschiedliche Dächer

Für die einzelnen Dachformen und Materialien gelten unterschiedliche Abflußbeiwerte. Sie sind als Multiplikatoren bei der Berechnung des Regenwasserertrags zu berücksichtigen.
Steildächer mit Dachbahnen oder Dachplatten aus Bitumen, Kunststoff oder Metall lassen das Wasser am besten ablaufen. **Abflußbeiwert: 0,8**
Steildächer mit Ziegel- oder Betonsteinen halten ebenfalls wenig Wasser zurück. **Abflußbeiwert: 0,75**
Auch bei Flachdächern mit Bitumenoder Kunststoffbahnen sowie Metallabdeckungen läßt sich noch relativ viel Regenwasser auffangen. **Abflußbeiwert: 0,7**
Flachdächer mit Kiesaufschüttung erlauben nur die Nutzung von weniger als einem Drittel der auftreffenden Niederschlagsmenge. **Abflußbeiwert: 0,6**
Bei Steildächern mit Bepflanzung (Gründach) reduziert sich die nutzbare Wassermenge auf ein Viertel der aufgefangenen Regenmenge. **Abflußbeiwert: 0,25**
Flachdächer mit Bepflanzung (Gründach) lohnen sich am wenigsten für die Regenwassernutzung, da hier das meiste Wasser wieder verdunstet. **Abflußbeiwert: 0,2**

Überlaufen des Regenwasserspeichers hat einen positiven Nebeneffekt, denn dabei werden an der Wasseroberfläche schwimmende Schmutzpartikel in den Kanal gespült.

Unterm Strich bedeutet dies jedoch, daß nicht die vollständige Niederschlagsmenge für die Regenwasseranlage nutzbar ist. Um die Berechnung der Speichergröße zu vereinfachen, ist es sinnvoll, von der jährlichen Niederschlagsmenge auszugehen. Sie läßt sich für jede Region aus der Karte auf Seite 45 ablesen. Falls Sie noch genauere Daten wünschen, können Sie die regionalen Niederschlagsmengen auch bei örtlichen Meßstationen oder den Landeswetterämtern erfragen.

Bei der Bewertung dieser Zahlen ist zu beachten, daß es sich hierbei um langjährige Mittelwerte handelt. Die tatsächliche Niederschlagsmenge der einzelnen Jahre kann deutlich abweichen, wie der trockene Sommer 1995 in Norddeutschland gezeigt hat.

Regenauffangfläche
Die zweite Kenngröße für die Berechnung des Regenwasserertrags ist die Größe der Regenauffangfläche. Dies ist in der Regel die Grundfläche des Daches. Der Einfachheit halber gehen Sie von der Grundfläche des Hauses aus und rechnen gegebenenfalls noch den Dachüberstand hinzu. Wenn nur eine von zwei Dachrinnen an die Regenwassernutzungsanlage angeschlossen ist, zählt natürlich nur die Hälfte.

Weiterhin muß die Form und Beschaffenheit des Daches berücksichtigt werden (siehe auch Seite 13). Je nach Dachoberfläche verdunstet ein mehr oder weniger großer Teil des Regenwassers, bevor es in den Ablauf fließen kann. Glatte oder mit Ziegeln gedeckte Steildächer lassen das meiste Wasser ablaufen. Gründächer sind dagegen für die Regenwassergewinnung kaum wirtschaftlich nutzbar. Der Abflußbeiwert (siehe Kasten links) dient als Faktor für die Berechnung des nutzbaren Regenertrags.

Ein weiterer Faktor ist der Wirkungsgrad des Filters. Nur bei Filtern ohne Überlauf, die praktisch das gesamte Wasser in die Zisterne leiten, beträgt dieser Faktor 1. Bei den modernen selbstreinigenden Filtern wird mit etwa 0,85 bis 0,9 gerechnet. Ist der Wirkungsgrad des Filters schlechter, wird die Ausbeute noch geringer.

Der Regenwasserertrag ergibt sich folglich aus den Faktoren: Niederschlagsmenge in Litern pro Quadratmeter (die Zahl ist identisch mit den Millimeterangaben), Dachfläche in Quadratmeter, Abflußbeiwert und Wirkungsgrad des Filters nach der Formel:

$$R = N \times D \times A \times W.$$

Der Wert, den Sie erhalten, ist der im gesamten Jahr anfallende Regenertrag in Litern. Wenn Sie ihn durch 365 teilen, bekommen Sie die durchschnittliche Regenspende pro Tag als Vergleichswert für die nachfolgende Bedarfsermittlung.

Regenwasserbedarf

Auf der anderen Seite müssen Sie Ihren Regenwasserbedarf ermitteln. Hierzu errechnen Sie die tägliche Wassermenge für die angeschlossenen Verbraucher. Sie hängt nicht nur von Ihren Gewohnheiten, sondern auch von der technischen Ausstattung der Geräte und Einrichtungen ab. Eine moderne Waschmaschine verbraucht deutlich weniger Wasser als eine schon zehn Jahre alte. Je nach Ausstattung und Waschgewohnheiten sind etwa 12 bis 20 Liter Wasserverbrauch pro Tag und Person anzusetzen.

Das gleiche gilt auch für die WC-Spülung. Bei einer modernen Toilette mit Sparspülung genügen 20 Liter pro Tag und Person. Durch eine alte Toilette fließen aber auch schon mal 45 bis 50 Liter.

Der Wasserverbrauch für die Gartenbewässerung hängt von der Größe des Gartens und natürlich von den Gießgewohnheiten ab. 60 Liter pro Quadratmeter und Jahr sind ein Durchschnittswert, mit dem sich bei einem 100 m² großen Gartengrundstück ein Tagesverbrauch von knapp 17 Litern ergibt. Hinzu kommt noch die Wassermenge fürs Putzen, die etwa zwischen 3 und 10 Litern liegen wird.

Zählen Sie die Tagesverbrauchswerte zusammen, so erhalten Sie den durchschnittlichen Regenwasserverbrauch in Litern pro Tag.

Regenwasservorrat

Als dritter Wert für die Bestimmung der Behältergröße gilt der Zeitraum, für den das gespeicherte Wasser reichen soll, wenn mehrere Tage lang kein Regen fällt. Die Wahrscheinlichkeit, daß in Mitteleuropa länger als 14 Tage die Regenwolken ausbleiben, ist schon ziemlich gering. Wer sichergehen will, wählt einen Speichervorrat von drei Wochen und nimmt das kleinere Restrisiko in Kauf, bei längerer Trockenheit Frischwasser nachspeisen zu müssen.

Ein größerer Speichervorrat ist wenig sinnvoll, da das Wasser in der Zisterne mit der Zeit anfängt zu stocken und die Kosten für einen übergroßen Regenwassertank sehr schnell unwirtschaftlich werden.

Wenn Sie den durchschnittlichen täglichen Regenwasserertrag und den durchschnittlichen Tagesverbrauch jeweils mit der Zahl der veranschlagten regenlosen Speichertage multiplizieren, erhalten Sie zwei Werte, die im Idealfall dicht beieinanderliegen. Der erste, auf Basis des Regenertrags ermittelte Wert ist die optimale Speichergröße auf Grund der statistisch pro Tag anfallenden Regenmenge. Der zweite Wert kennzeichnet die richtige Speichergröße ausgehend vom Verbrauch.

Weichen diese beiden Werte stark voneinander ab, so gilt es, einen sinnvollen Mittelwert zu wählen. Bei einer vierköpfigen Durchschnittsfamilie wird der Verbrauch meist dauerhaft über dem Regenwasserertrag liegen, der sich von einem durchschnittlichen Einfamilienhaus auffangen läßt. Für die Zisternengröße sollten Sie sich deshalb eher am Ertragswert orientieren. Bei sehr starken Abweichungen sollten Sie jedoch den Regenertrag durch Verändern der anteiligen Dachfläche korrigieren. Kommt zuviel Wasser in den Speicher, dann wird ein Teil des Daches nicht mit in die Regenwassernutzung einbezogen, das heißt zum Beispiel, das Wasser

Beispielberechnung der Speichergröße

Regenwasserertrag

Nieder-schlags-menge	Dachfläche	Abfluß-beiwert	Wirkungs-grad des Filters	Regenwas-serertrag (pro Jahr)		Regenwas-serertrag (pro Tag)
l/m²a	m²			l/a		l/d
700 x	100 x	0,8 x	0,9 =	50 400 :	365 =	138

Regenwasserbedarf

Verbraucher	Liter pro-Person oder Richtwert	Personen-zahl oder Richtwert	Bedarf pro Tag
	l		l/d
WC-Spülung	20 x	4 =	80
Waschmaschine	12 x	4 =	36
Gartenbewässerung (pro 100 m²)	17 x	2 =	34
Sonstige	5 x	1 =	5
	x	=	
Gesamtbedarf pro Tag			155

Speichervorrat

für mindestens (Tage)	21

Speichergröße

	V_T (d)	B (l/d)	Speicher (l)
Berechnung nach Bedarf	21 x	155 =	3 255
	V_T (d)	E (l/d)	Speicher (l)
Berechnung nach Regenwasserertrag	21 x	138 =	2 898
Gewählte Speichergröße			3 000

Musterformular für Ihre Berechnung

Regenwasserertrag

Nieder-schlags-menge	Dachfläche	Abfluß-beiwert	Wirkungs-grad des Filters	Regenwas-serertrag (pro Jahr)		Regenwas-serertrag (pro Tag)
l/m²a	m²			l/a		l/d
x	x	x	=		: 365 =	

Regenwasserbedarf

Verbraucher	Liter pro-Person oder Richtwert	Personen-zahl oder Richtwert	Bedarf pro Tag
	l		l/d
WC-Spülung	x	=	
Waschmaschine	x	=	
Gartenbewässerung (pro 100 m²)	x	=	
Sonstige	x	=	
	x	=	
Gesamtbedarf pro Tag			

Speichervorrat

für mindestens (Tage)	

Speichergröße

	V_T (d)	B (l/d)	Speicher (l)
Berechnung nach Bedarf	x	=	

	V_T (d)	E (l/d)	Speicher (l)
Berechnung nach Regenwasserertrag	x	=	
Gewählte Speichergröße			

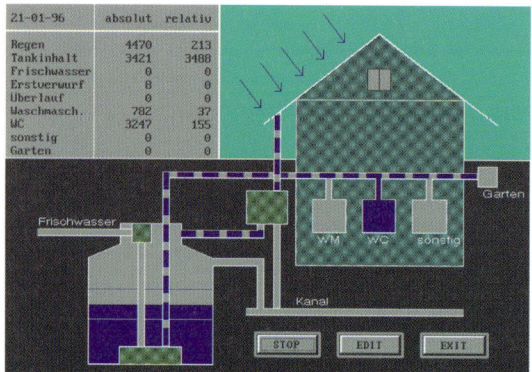

Beispiele aus einem Simulationsprogramm für die Berechnung der Speichergröße: Bei Regen füllt sich die Zisterne allmählich mit Wasser

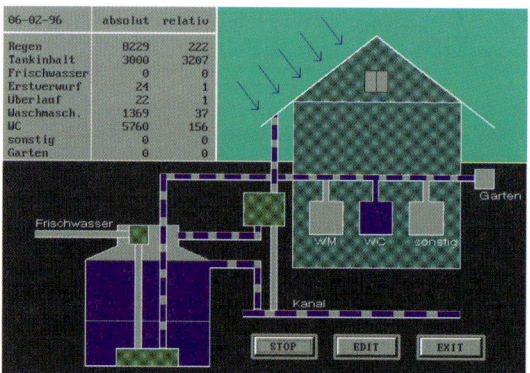

Nach mehreren Regentagen ist die Zisterne bis zum Rand gefüllt. Überschüssiges Regenwasser läuft über den Überlauf in die Kanalisation

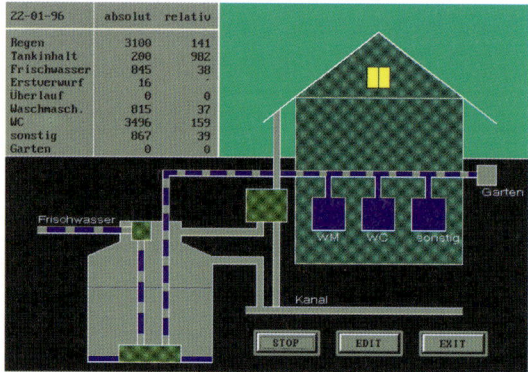

Nach einer längeren Dürreperiode ist der Wasserstand in der Zisterne so weit abgesunken, daß Frischwasser nachgespeist werden muß

eines Fallrohres läuft weiterhin direkt in den Kanal. Ist der Regenertrag zu gering, kann überlegt werden, ob nicht weitere Dachflächen, zum Beispiel von einem Schuppen oder der Garage, ebenfalls für das Auffangen des Regenwassers nutzbar sind.

Geht dies nicht, sollten Sie dennoch nicht auf eine Regenwassernutzungsanlage verzichten, denn auch wenn Sie nur die Hälfte des gebrauchten Wassers einsparen können, ist dies immerhin mehr als gar nichts. Eventuell kann durch eine zusätzliche Brauchwassernutzung (zum Beispiel des Duschwassers) der Wasserverbrauch weiter verringert werden.

Bei der Wahl des Regenwasserspeichers muß berücksichtigt werden, daß nicht immer das volle Volumen nutzbar ist. Wenn sich zum Beispiel der Überlauf innerhalb des Tanks befindet, fließt Wasser bereits ab, bevor die Zisterne bis zum oberen Rand gefüllt ist. Das heißt, der Bruttoinhalt des Behälters sollte je nach Typ etwa 300 bis 500 Liter größer sein als die errechnete Literzahl.

Für ein Einfamilienhaus ergeben sich so Speichergrößen von etwa 2 500 bis 5 000 Liter, je nach Größe der Familie beziehungsweise der Dachfläche. Als obere Grenze kann ein Speichervolumen von etwa 10 Prozent des Jahresertrags angesehen werden.

Größere Speicher bringen nur eine geringe Verbesserung der nutzbaren Regenwassermenge. Im Verhältnis dazu sind sie jedoch zu teuer. Hinzu kommen noch die hygienischen Probleme, die durch einen zu langsamen Wasseraustausch entstehen können.

Mit Simulationsprogrammen, die einige Vertreiber von Regenwassernutzungsanlagen einsetzen, läßt sich mit den Wetterdaten des Wohnortes der Füllstand des Regenwasserspeichers über ein ganzes Jahr verfolgen und die Effektivität der Regenwassernutzung noch besser beurteilen. Allerdings basieren diese Werte immer nur auf der Vergangenheit und können lediglich eine Prognose für künftige Jahre sein. In der Regel genügt für die Planung einer Regenwassernutzungsanlage bereits unser einfaches Rechenmodell.

Kosten und Nutzen von Regenwassernutzungsanlagen

Einmalige Kosten

Baukosten

Die Baukosten für eine Regenwassernutzungsanlage hängen von verschiedenen Faktoren ab: Den weitaus größten Anteil verschlingt in der Regel der Regenwasserspeicher. Je nach Größe und Ausführung müssen Sie mit knapp 1 000 bis weit über 10 000 DM für den Einbau eines Speicherbehälters rechnen. Da die Kosten mit der Größe des Speichers ansteigen, rechnet sich eine Lösung mit einem übermäßig großen Behälter nur selten. Für eine 3 000-Liter-Zisterne müssen Sie inklusive Erdaushub und Einbau 2 500 bis 4 000 DM kalkulieren. Berücksichtigen Sie den Einbau eines Erdspeichers gleich beim Neubau eines Hauses, können Sie die Ausgaben für den Aushub der Zisternengrube reduzieren, indem Sie die Baugrube für Ihr Haus gleich etwas größer anlegen.

Als weitere Kosten fallen die Ausgaben für den Filter, die Sammelleitung und den Überlauf, die Pumpenanlage mit Steuerung und Trinkwassernachspeisung sowie der Installationsaufwand im Haus an. Je nach Anlage werden sich diese bei einem Einfamilienhaus zwischen 3 500 und 5 000 DM bewegen. 1 000 bis 1 500 DM davon sind Lohnkosten für den Installateur, die Sie gegebenenfalls durch Eigenleistung verringern können.

Unterm Strich sind für den Bau einer kompletten und hochwertigen Regenwassernutzungsanlage für ein Einfamilienhaus zirka 7 500 DM zu veranschlagen, die Sie zunächst einmal finanzieren müssen.

Öffentliche Förderung

Einige Bundesländer (Bremen, Hamburg, Hessen, Saarland) und auch viele Gemeinden fördern den Bau von Regenwassernutzungsanlagen durch Baukostenzuschüsse oder verbilligte Kredite. Die Höhe dieser Förderung liegt meist zwischen 500 und 3 000 DM. Sie ist oft von der Größe der Anlage und der Höhe der Baukosten abhängig. Fragen Sie bereits im Planungsstadium Ihre örtliche Baubehörde, ob und unter welchen Bedingungen an Ihrem Ort Regenwassernutzungsanlagen gefördert werden, und stellen Sie die Anträge auf Förderung rechtzeitig.

Laufende Kosten und Einsparungen

Betriebskosten

Neben den Baukosten müssen auch die laufenden Betriebskosten für die Regenwassernutzungsanlage berücksichtigt werden. Dies sind die Ausgaben für den Strom, den die Pumpe verbraucht, sowie der Aufwand für Wartungs- und Reparaturarbeiten.

Die zu erwartenden Stromkosten hängen von der Pumpe und dem Nutzungsgrad der Anlage ab. Sie werden in der Regel zwischen 5 und 30 DM pro Jahr liegen. Die Höhe der Wartungskosten hängt im wesentlichen davon ab, ob Sie die meist einfachen Wartungsarbeiten selber erledigen oder durch einen Fachbetrieb ausführen lassen. Ein geschickter Heimwerker kann diesen Betrag mit 0 DM ansetzen. Wird der Fachmann beauftragt, kalkulieren Sie 80 bis 150 DM pro Jahr.

Die Rücklage für Reparaturen und eine nach zirka 15 Jahren fällige Erneuerung der Pumpe sowie der Steuerung sollte mit etwa 80 DM in die Kostenkalkulation einfließen.

Einsparung von Wassergebühren

Durch den Betrieb der Regenwassernutzungsanlage sparen Sie Trinkwasser, für das Sie bisher Wassergebühren zahlen mußten. Die Höhe der Einsparung hängt von der Dimensionierung der Anlage und von Ihren Verbrauchsgewohnheiten ab. Bei einem Vier-Personen-Haushalt mit konsequenter Nutzung des Regenwassers für die Toilettenspülung, Waschmaschine, die Gartenbewässerung und Reinigungsarbeiten liegt der Regenwas-

Beispielkalkulation

Baukosten

Baukosten	
Speicher inkl. Aushub und Versetzen	3000 DM
Filter, Sammelleitung, Überlaufleitung	1000 DM
Pumpe, Steuerung, Trinkwassernachspeisung	1000 DM
Hausinstallation	800 DM
Sonstiges	200 DM
Arbeitskosten Installateur	1500 DM
abzügl. öffentl. Förderung	-2000 DM
Summe	**5500 DM**

Einsparung pro Jahr

Wasser- und Abwasserkostenersparnis pro Jahr		
Wassermenge in m³	Preis pro m³	
90	x 8 DM	= 720 DM

abzügl. Betriebskosten pro Jahr	
Elektrischer Strom für Pumpe und Steuerung	- 20 DM
Regelmäßige Wartung	- 0 DM
Rücklagen für Reparaturen und Erneuerungen	- 80 DM

abzügl. Abwassergebühren für genutztes Regenwasser		
Wassermenge in m³	Preis pro m³	
- 90	x 4 DM	=- 400 DM
Summe		220 DM

Wirtschaftlichkeitsrechnung

Baukosten	5500 DM
/ jährliche Ersparnis	: 220 DM
Die Regenwassernutzungsanlage amortisiert sich in	25 Jahren

Fallen keine Abwassergebühren für die Regenwassernutzung an, amortisiert sich die Anlage bereits nach knapp neun Jahren

serbedarf bei etwa 50 bis 120 m³ pro Jahr (siehe auch Beispielrechnung auf Seite 48). Je nach Größe der Dachfläche und des Speichers können etwa 80 bis 90 Prozent dieses Bedarfs durch Ihre Regenwassernutzungsanlage gedeckt werden. Für 10 bis 20 Prozent wird durch die Frischwassernachspeisung in Dürreperioden weiterhin Trinkwasser benötigt. Für unsere Kalkulation können Sie die Höhe der derzeitigen Wasserkosten (pro m³) Ihrer Wasserrechnung entnehmen. Denken Sie dabei auch an die Mehrwertsteuer, die den in der Rechnung ausgewiesenen Arbeitspreis um 7 Prozent erhöht.

Abwassergebühren

Da die Abwassergebühren im allgemeinen nach der Menge des bezogenen Trinkwassers berechnet werden, sparen Sie durch den geringeren Trinkwasserverbrauch auch entsprechend Abwasserkosten. In unserem Rechenblatt haben wir die Arbeitspreise für Wasser- und Abwassergebühren gleich addiert und für die Beispielrechnung einen Gesamtpreis von 8 DM pro m³ angesetzt.

Durch die Regenwassernutzungsanlage leiten Sie künftig Abwasser in die Kanalisation ein, das bisher als Dachabflußwasser meist unentgeltlich abgeführt wurde. Einige Gemeinden berechnen dafür jedoch Abwassergebühren und verlangen den Einbau eines Wasserzählers in die Regenwasserleitung. Wenn der Anschluß für die Trinkwassernachspeisung ebenfalls mit einem Wasserzähler versehen ist, können Sie die nachgespeiste Menge wieder abziehen, da sie ja bereits zusammen mit dem Trinkwasser berechnet wurde. Haben Sie einen großen Garten, lohnt es sich, noch einen dritten Wasserzähler einzubauen, denn das Gießwasser fließt schließlich nicht in die Kanalisation.

Bisher verzichten viele Gemeinden noch auf die Erhebung zusätzlicher Abwassergebühren für das Regenwasser oder befreien die Betreiber für einige Jahre von der Zahlung. Doch Sie sollten sich nicht darauf verlassen, daß dies auch künftig so bleibt; denn in Zeiten knapper Kassen sind neue Geldquellen immer willkommen. Die Kalkulation Ihrer Regenwassernutzung sollte deshalb auch noch aufgehen, wenn Abwassergebühren zu zahlen sind.

Wird bereits in Ihrer Gemeinde eine Gebühr für das Dachabflußwasser erhoben, so muß sich diese natürlich entsprechend der Menge des genutzten Regenwassers verringern.

Wirtschaftlichkeit der Regenwassernutzunganlage

In unserer Beispielkalkulation (ohne Kapital- und Finanzierungskosten) für eine relativ teure Komplettanlage und für einen mit 90 m³ Regenwasser relativ hohen Verbrauch, können Sie sehen, daß sich die Anlage trotz öffentlicher Förderung erst in 25 Jahren amortisiert. Sind keine zusätzlichen Abwassergebühren zu zahlen, sind die Baukosten nach knapp 9 Jahren eingespart. Andererseits würde es ohne den Baukostenzuschuß bei gleichbleibenden Wassergebühren 34 Jahre dauern, bis die Investition erwirtschaftet wäre.

Bei Ihrer Planung ist zu berücksichtigen, daß die meisten Teile einer Regenwassernutzungsanlage relativ lange halten: Pumpe und Steuerung müssen nach zirka 15 Jahren ersetzt werden, Kunststofftanks nach etwa 30 Jahren. Die Leitungen haben eine durchschnittliche Lebensdauer von 45 Jahren, und Betonzisternen halten gar 90 Jahre.

Wichtigster Faktor für die Wirtschaftlichkeit einer Regenwassernutzungsanlage ist die Höhe der Wasserkosten. Die Gebühren für Trink- und Abwasser liegen in Deutschland zwischen knapp 3 und 15 DM pro Kubikmeter. Bei sehr niedrigen Wasserkosten rechnet sich eine Regenwassernutzungsanlage für ein Einfamilienhaus häufig nicht. Denken Sie jedoch daran, daß die Wasser- und Abwassergebühren in den letzten Jahren stetig gestiegen sind. Von 1985 bis 1993 sind nach Angaben des Statistischen Bundesamtes die Wassertarife um 41,4 Prozent und die Abwassergebühren gar um 74,6 Prozent teurer geworden. Manche Rechnung, die heute noch nicht aufgeht, kann Ihnen bei steigenden Preisen schon bald einen Gewinn bescheren.

Musterformular für Ihre Kalkulation

Baukosten

Speicher inkl. Aushub und Versetzen	
Filter, Sammelleitung, Überlaufleitung	
Pumpe, Steuerung, Trinkwassernachspeisung	
Hausinstallation	
Sonstiges	
Arbeitskosten Installateur	
abzügl. öffentl. Förderung	-
Summe	

Einsparung pro Jahr

Wasser- und Abwasserko-stenersparnis pro Jahr		
Wassermenge in m³	Preis pro m³	
x		=

abzügl. Betriebskosten pro Jahr	
Elektrischer Strom für Pumpe und Steuerung	-
Regelmäßige Wartung	-
Rücklagen für Reparaturen und Erneuerungen	-

abzügl. Abwassergebühren für genutztes Regenwasser		
Wassermenge in m³	Preis pro m³	
-	x	=-
Summe		

Wirtschaftlichkeitsrechnung

Baukosten	
/ jährliche Ersparnis	:
Die Regenwassernutzungs-anlage amortisiert sich in	Jahren

Regenwassernutzunganlagen mit Kunststofftanks

Preiswerte Lösungen für den Garten

Soll das aufgefangene Regenwasser nur zur Bewässerung des Gartens und zum Blumengießen genutzt werden, reicht in den meisten Fällen eine relativ preiswerte Lösung aus, sofern man sich ohnehin nicht nur mit einer Regentonne begnügt, die unter eine Regenwasserklappe im Fallrohr gestellt wird. Auch wenn man die Installation von Regenwasserleitungen im Haus scheut, kann diese kleine Lösung für die Regenwassernutzung im Garten in Frage kommen.

Vor allem, wenn für einen großen Garten viel Gießwasser benötigt wird, macht sich die preiswerte Gartenlösung mit weniger als 2 000 DM Baukosten bezahlt. Bei einer zu bewässernden Gartenfläche von 300 m² und einem durchschnittlichen Wasserverbrauch von 17 Litern pro 100 m² wird ein Wasservorrat von 1 071 Litern benötigt, um eine dreiwöchige Trockenperiode überbrücken zu können.

Am besten ist es, wenn Sie Ihre Gießgewohnheiten kontrollieren und die benötigte Wassermenge eine Woche lang nachmessen. Wenn Sie künftig Pumpe und Regner statt Gießkanne einsetzen, sollten Sie noch etwa ein Drittel aufschlagen, denn die automatische Bewässerung ist viel leichter und komfortabler, so daß sie wahrscheinlich auch häufiger eingesetzt wird.

Der hier gezeigte Kunststofftank faßt zirka 1 300 Liter und bietet somit noch etwas mehr Reserve für unseren Mustergarten. Um einen größeren Wasservorrat zu speichern, lassen sich mehrere Tanks miteinander verbinden. So erhalten Sie als Speichervorrat jeweils ein Vielfaches von 1 300 Litern.

Mit 1,9 m Länge, 1,13 m Breite und etwa einem Meter Höhe ist der Tank noch relativ klein, so daß es nicht schwierig sein sollte, einen entsprechenden Einbauort auf dem Grundstück zu finden. Der eingebaute Regenwassertank ist zwar begehbar, nicht aber mit Autos befahrbar. Die Garageneinfahrt schei-

Für den Aushub der Grube wird der Rasen abgestochen. Die Rasensoden für die spätere Wiederverwendung werden neben der Baugrube gelagert

Mit einem Bagger ist der Aushub der zirka zwei Meter tiefen Grube viel schneller erledigt als bei schweißtreibender Handarbeit

Die Stutzen am Kunststoffbehälter für den Regenwasserzulauf und die Entnahme werden mit einem Fuchsschwanz aufgesägt

Die Säge hinterläßt scharfe Schnittkanten in dem Kunststoffmaterial. Sie sollten deshalb mit einer Feile entgratet werden

Passen Sie die Rohre für den Entnahmeschacht und den Wasserzulauf an, und verschließen Sie sie für die Montage mit einer Plastiktüte

Vor dem Zusammensetzen der beiden Tankhälften wird eine Dichtschnur in die Nut der Behälterunterseite gedrückt und das Papier abgezogen

det deshalb als Platz für den Tank aus. Achten Sie auch darauf, daß Sie den Tank möglichst in der Nähe eines Fallrohres plazieren können. Dann sparen Sie sich lange Leitungen für den Tankanschluß und den Überlauf des überschüssigen Regenwassers in die Kanalisation. Bei der geringen Tankgröße genügt es bereits, wenn nur das Wasser einer Dachhälfte mit etwa 50 m² Grundfläche in den Regenwasserspeicher geleitet wird. Bei größeren Tankanlagen sollten natürlich beide Dachhälften angeschlossen sein.

Baugrube

Zum Einbau des Kunststofftanks benötigen Sie eine Grube, die mindestens 50 bis 60 cm länger und breiter ist als der Tank selbst. Je mehr Luft Sie um den Tank haben, desto leichter können Sie sich bei den Anschlußarbeiten in der Grube bewegen. Damit das Regenwasser frostfrei gelagert wird, sollte die Oberkante des Tanks mindestens 80 bis 100 cm unter der Erde liegen. Bei einem Tank von 1 m Höhe und einer mindestens 15 cm dicken Sandunterlage muß die Baugrube folglich etwa 2 bis 2,2 m tief ausgehoben werden.

Zwar könnte man eine solche Aufgabe mit Spaten und Schaufel in mühsamer Handarbeit selbst erledigen. Doch diese Anstrengung lohnt sich kaum. Mit einem Bagger ist die Arbeit in etwa ein bis zwei Stunden ausgeführt. Die Kosten für den Aushub und die Abfuhr eines Teils des Erdreichs müssen Sie mit etwa 350 bis 500 DM kalkulieren.

Sie sollten jedoch darauf achten, daß der Bagger eine freie Zufahrt zur Baugrube hat, damit der Garten nicht unnötig beschädigt wird. Andererseits kann die Handarbeit sinnvoller sein als das Anlegen neuer Beete und Gartenanlagen.

Bevor der Bagger jedoch zu Werke geht, sollten Sie die Rasenschicht abtragen und für die spätere Abdeckung der Grube zwischenlagern. Stechen Sie hierzu zirka 5 bis 10 cm tiefe Rasenstücke mit 20 bis 30 cm Kantenlänge aus, und legen Sie sie so weit von der Baugrube entfernt ab, daß sie bei den weiteren Arbeiten nicht im Wege sind. Sollen die Grassoden auf einem Rasenstück gelagert werden, empfiehlt es sich, diese auf einer Kunststoffolie abzulegen, damit der Rasen darunter nicht beschädigt wird.

Denken Sie beim Aushub der Grube auch an die Sicherheit. Bei losem Erdreich können die Wände leicht einstürzen. Sie müssen gegebenenfalls etwas abgeschrägt oder abgestützt werden. Um die Belastung auf den Rand der Grube gleichmäßig zu verteilen und die Einsturzgefahr zu verringern, sollten Sie bei den späteren Arbeiten Laufbretter um die Grube herum auslegen. Außerdem muß die Baugrube von außen abgesichert sein, damit keine Personen hineinstürzen. Vor allem für spielende Kinder, die von Ihren Bauarbeiten angelockt werden, kann die Baugrube eine große Gefahr sein.

Mit dem Bagger ist die Grube schnell ausgehoben. Etwa die Hälfte des Erdreichs können Sie gleich zur Deponie fahren lassen, denn außer dem Tank kommen etwa 5 m³ zum Einschwemmen benötigter feiner Sand (Körnung: 0 bis 2 mm) in die Grube. Je nach Größe der Grube kann die Sandmenge etwas variieren. Den restlichen Aushub lagern Sie in der Nähe der Baugrube, am besten auch auf einer Kunststoffolie oder einer Brettunterlage als Schutz für den Untergrund.

Auch die Anschlüsse von Fallrohr und Kanalisation sollten jetzt freigelegt werden, damit Sie mit den anschließenden Arbeiten zügig vorankommen.

Tankmontage

Der kleine Kunststofftank wird in zwei Halbschalen geliefert, was den Transport in einem größeren Kombi ermöglicht. Alle benötigten Montageteile für den Tank sind im Lieferumfang enthalten. Was Sie zusätzlich brauchen, ist der Anschluß an die Regenrinne mit einer Regenwasserklappe und einem Filtertopf oder ein Filtersammler.

Außerdem müssen Sie die Abwasserrohre (KG-Rohre mit Nennweite 100) für die Leitung

Am Stoß muß die Dichtschnur etwa 7 cm überlappen. Die Pfeile an den beiden Behälterteilen müssen später genau übereinander liegen

Mit zwei Personen läßt sich die obere Hälfte des Behälters leicht aufsetzen. Achten Sie dabei unbedingt auf die Übereinstimmung der Pfeile

In die Bohrungen gesteckte Schraubendreher oder lange Schrauben helfen, die beiden Halbschalen an den Ecken zu fixieren

Rund 60 Schrauben halten die beiden Tankhälften wasserdicht zusammen. Sie müssen mit einem Drehmomentschlüssel angezogen werden

Der Boden der Baugrube wird etwa 15 cm hoch mit Sand aufgeschüttet und anschließend mit einer Latte waagerecht abgezogen

Mit zwei bis drei Helfern wird der vormontierte Kunststoffbehälter in die Grube hinabgelassen und in die richtige Position gebracht

vom Filter zum Tank und vom Tank in den Überlauf kaufen. Die jeweilige Länge ist abhängig von der örtlichen Bausituation. Ein weiteres Rohr mit 200 mm Durchmesser und 1 bis 1,5 m Länge wird für den Entnahmeschacht gebraucht.

Vor der Montage der beiden Halbschalen werden zuerst die Stutzen für den Entnahmeschacht und die Regenwasserzuleitung aufgeschnitten. Dies geht am leichtesten mit einem Fuchsschwanz oder einer elektrischen Universalsäge. Sägen Sie die Stutzen bis auf zirka 7 cm Höhe ab. Den Grat an der Schnittkannte sollten Sie mit einer Feile oder einem Schleifklotz entfernen.

Probieren Sie am besten gleich aus, ob die Anschlußrohre fest auf dem Stutzen sitzen. Damit bei der weiteren Montage kein Schmutz in den Tank fällt, sollten Sie die Öffnungen mit einer Kunststoffolie oder einer Plastiktüte, die mit einem Gummiband gehalten wird, vorerst wieder verschließen.

Sollen mehrere Behälter zu einer Speicherbatterie verbunden werden, müssen sie am Boden angebohrt werden, um hier Schlauchtüllen für einen Druckschlauch zur Verbindung der Tanks einsetzen zu können.

Vor dem Zusammensetzen der beiden Halbschalen wird eine spezielle Dichtschnur aus schwarzer Butyl-Dichtmasse in die Nut der unteren Tankhälfte gelegt. Sie soll für eine zuverlässige Abdichtung der Verbindung sorgen. Lassen Sie die Dichtschnur am Ende etwa 7 cm überlappen, und drücken Sie diese Stelle mit den Fingern etwas zusammen. Achten Sie darauf, daß die Bohrungen im Rand frei bleiben und nicht mit der Dichtmasse zugeklebt werden.

Jetzt kann das Oberteil aufgesetzt werden. Beide Teile sind mit Pfeilen gekennzeichnet, die übereinander liegen müssen. An den Ecken sollten die beiden Schalen erst einmal mit langen Schrauben oder durch die Schraubenlöcher gesteckten Schraubendrehern fixiert werden. Wenn die beiden Tankhälften paßgenau übereinander liegen, können Sie mit dem Verschrauben beginnen.

Die Schrauben werden jeweils mit zwei Scheiben (oben und unten) in die Öffnungen gesteckt und mit dem Schraubenschlüssel fest angezogen. Kontrollieren Sie die Anzugskraft mit einem Drehmomentschlüssel. Damit die Verbindung der beiden Halbschalen auch wirklich wasserdicht ist, muß das Drehmoment bei 10 bis 12 Newtonmeter liegen.

Untergrundvorbereitung

Bevor der Kunststoffbehälter in die Grube hinabgelassen werden kann, muß der Untergrund vorbereitet werden. Ebnen Sie zuerst den Boden etwas ein. Große und spitze Steine, die sich in die Kunststoffwand des Behälters eindrücken könnten, müssen entfernt werden. Anschließend wird die Grube etwa 15 cm hoch mit feinem Sand gefüllt. Damit der Untergrund fest und waagerecht ist, wird er festgestampft und anschließend mit einer Latte sorgfältig abgezogen. Kontrollieren Sie den Boden mit der Wasserwaage.

Einbau des Tanks

Der relativ leichte Kunststoffbehälter kann mit zwei bis drei Helfern in die Grube gesetzt werden. Sie können ihn nach alter Totengräberart an zwei Seilen in die Grube hinablassen oder vorsichtig über den Rand in die Grube hineinschieben. Nachdem Sie den Kunststoffbehälter in der Grube genau ausgerichtet haben, müssen Sie mit der Wasserwaage prüfen, ob er genau waagerecht steht.

Nun kann die Grube bis zu einem Drittel der Behälterhöhe mit feinem Sand gefüllt werden, der anschließend eingeschwemmt wird. Damit der konische Tank beim Einschwemmen nicht aufschwimmt, sollte er bis etwa zur Hälfte mit Wasser gefüllt werden.

Zum Einschwemmen des Sandes besprühen Sie ihn mit Wasser. Wenn das Wasser auf dem Sand stehenbleibt, und Pfützen bildet, legen Sie eine Pause ein und wiederholen den Vorgang, sobald das Wasser versickert ist. Durch das Einschwemmen soll verhindert werden, daß sich der Sand später setzt und

Der Kunststofftank muß waagerecht auf dem vorbereiteten Untergrund stehen. Deshalb ist eine Überprüfung mit der Wasserwaage notwendig

Nun wird die Baugrube etwa 30 cm mit feinem Sand gefüllt. Verteilen Sie das Material gleichmäßig um den Tank herum

Damit der Tank beim Einschwemmen des Sands nicht aufschwimmt, wird er mit einem Schlauch zur Hälfte mit Wasser gefüllt

Anschließend wird der Sand mit einem feinen Wasserstrahl eingeschwemmt. Wiederholen Sie den Vorgang, wenn das Wasser versickert ist

Füllen Sie jetzt die Grube Stück für Stück mit Sand auf, und schwemmen Sie immer wieder mit reichlich Wasser ein, damit der Sand sich setzt

Die Abwasserrohre für den Anschluß an das Fallrohr und die Kanalisation sowie für den Entnahmeschacht werden auf Maß abgelängt

der Boden über dem Regenwasserspeicher absackt.

In unserem Beispiel war die Baugrube etwas größer als notwendig. So hatte der Bauherr mehr Bewegungsfreiheit bei der Montage des Tanks. Um jedoch Sand zu sparen, wurde zum Auffüllen der Grube der äußere Teil mit Brettern (Paletten) abgetrennt und nur mit Erde aufgeschüttet.

Im nächsten Arbeitsschritt wird die Grube zu zwei Dritteln der Tankhöhe aufgefüllt und der Sand wieder eingeschwemmt. Danach kann der Sand bis zur Oberkante des Tanks eingebracht und eingeschwemmt werden. Während dieser Arbeiten sind die Öffnungen des Speichers mit Kunststoffolien oder Plastiktüten abgedeckt, damit kein Schmutz hineinfallen kann.

Entnahmeschacht

Direkt auf den Tank werden eine Doppelmuffe (NW 200) für den Entnahmeschacht und eine T-Muffe (NW 100) für das Zulaufrohr und den Überlauf aufgesetzt. Der Entnahmeschacht besteht aus einem 200er Abwasserrohr (KG-Rohr), dessen Oberkante etwas 2 bis 3 cm aus dem später aufgefüllten Erdreich herausragen soll. Messen Sie die Höhe bis zum Grubenrand aus, und sägen Sie das Rohr entsprechend ab. Dies geht auch wieder mit einem Fuchsschwanz oder einer elektrischen Universalsäge am besten.

Rohranschlüsse

Auch die Rohrleitungen für den Tankzulauf und den Überlauf müssen an die örtlichen Verhältnisse angepaßt werden. Im allgemeinen kommen hier KG-Rohre aus Hart-PVC mit der Standardnennweite 100 mm zum Einsatz. Längen Sie die Rohre auf die erforderlichen Maße ab, und verlegen Sie sie im Sandbett. Achten Sie darauf, daß die Rohre mit mindestens 2 Prozent Gefälle (2 cm auf 1 m) verlegt sind, damit das Wasser gut ablaufen kann und sich kein Schmutz in den Rohren ablagert.

Der Tanküberlauf kann entweder direkt an die Kanalisation oder an einen Sickerschacht angeschlossen werden. Sollen mehrere Tanks aneinandergereiht werden, ist außerdem eine Druckleitung am Tankboden erforderlich. Zusätzlich muß ein Verbindungsrohr zwischen den Zulaufrohren den Luftaustausch zwischen den einzelnen Tanks gewährleisten.

Regenwasserklappe

Als Anschluß an das Fallrohr dient in diesem Beispiel eine einfache Regenwasserklappe, die per Hand bedient werden kann. So kann das Wasser, wenn der Regenwasserspeicher zum Beispiel im Winter außer Betrieb gesetzt werden soll, durch Schließen der Klappe einfach in die Kanalisation geleitet werden.

Berücksichtigen Sie, daß das Regenwasser bei einem Wolkenbruch mit hoher Geschwindigkeit auf die Öffnung trifft, und bauen Sie den Filtertopf so ein, daß das Wasser nicht im großen Bogen darüber hinaus plätschert. Probieren Sie am besten aus, wie weit das Wasser spritzt, indem Sie einen Wasserschlauch in die Regenrinne legen und das Wasser laufen lassen. Am sichersten gehen Sie, wenn das Ablaufblech direkt auf dem Rand des Filters aufliegt und nur ein kleines Stück in die Filteröffnung hineinragt.

Für den Einbau der Regenwasserklappe muß in der Regel ein Stück des Fallrohres abgesägt werden, das dann durch das Rohrstück mit der Klappe ersetzt wird. Weiter unten können Sie den Überlauf vom Regenwasserspeicher an das gleiche Rohr anschließen.

Auffüllen der Baugrube

Nachdem die Anschlüsse angefertigt sind, muß der Raum um die Rohrleitungen mit Sand aufgefüllt und ebenfalls eingeschwemmt werden. Dann können Sie die Grube bis etwa 20 cm über die Behälteroberkante mit Sand auffüllen und ein letztes Mal einschwemmen. Der Rest der Grube wird mit dem ausgehobenen Erdreich aufgefüllt und gut festgestampft. Achten Sie jedoch darauf,

Damit sich die Rohre leichter in die Gummidichtung der Muffen stecken lassen, werden sie mit einem Spezialfett eingestrichen

Waagerecht verlaufende Sammel- und Überlaufleitungen müssen mit mindestens zwei Prozent Gefälle verlegt werden

Auch der Raum um die Anschlußleitungen wird mit feinem Sand aufgefüllt und anschließend gründlich eingeschwemmt

Für den Einbau der Regenwasserklappe muß das Fallrohr gekürzt werden. Zeichnen Sie die Länge mit einem Bleistift auf dem Rohr an

Mit einer Metallsäge wird das Kupferrohr an der Markierung waagerecht abgeschnitten und anschließend die Regenwasserklappe eingesetzt

daß die Rohrleitungen vollständig im Sand verlegt sind.

Nachdem die Baugrube bis zum Niveau der Grasnarbe verfüllt ist, müssen Sie einige Tage warten, damit sich das Erdreich etwas setzt. Stampfen Sie nach ein bis zwei Tagen die Erde nochmals fest. Bei größeren Unebenheiten muß gegebenenfalls noch etwas Erdreich nachgefüllt werden. Normalerweise wird die Erde nach einer Woche so weit abgesackt sein, daß Sie die ausgestochenen Graßsoden wieder verlegen und das Niveau zur benachbarten Gartenfläche hin ausgleichen können.

Pumpe

Um das gespeicherte Regenwasser aus dem Tank zu fördern, ist eine Pumpe erforderlich. Wer es rustikal liebt, kann eine klassische Handschwengelpumpe einbauen. Bequemer geht es jedoch mit einer elektrischen Pumpe. Durch den Entnahmeschacht können Sie eine Tauchpumpe in den Kunststofftank einsetzen. Sie arbeitet fast geräuschfrei, liefert jedoch nur einen geringen Druck, der nicht zum Betrieb von Gartenregnern ausreicht.

Die Alternative wäre ein Hauswasserwerk oder eine selbstansaugende Gartenpumpe, die mit einem Saugschlauch angeschlossen wird, oder wie hier eine Tauchdruckpumpe, die ebenfalls im Tank plaziert wird.

Jetzt kann die Grube mit Sand gefüllt und eingeschwemmt werden. Ab 20 cm oberhalb des Tanks wird die Grube mit Erde aufgeschüttet

Die Schlauchleitung sowie das Stromkabel für die Tauchdruckpumpe werden mit Schlauchschellen oben am Rand des Entnahmeschachtes so gesichert, daß sie jederzeit leicht aus dem Tank herausgezogen und angeschlossen werden können. Ist die Pumpe nicht in Betrieb, werden die Leitungen in den Tank hineingeschoben und die Öffnung mit einem Blinddeckel verschlossen, dessen Dichtung vorher entfernt wurde. Dann verrät nur noch der zirka 20 cm große Deckel im Rasen, daß hier im Erdreich Regenwasser gespeichert wird.

Sollte die Anlage im Winter außer Betrieb genommen werden, kann die Pumpe, nachdem der Tank leergesaugt ist, an der Führungsleine aus dem Tank herausgezogen werden.

Filter

Solange das Regenwasser nur für die Gartenbewässerung benutzt werden soll, genügt ein preiswerter Filtertopf mit einer Fliesmatte und einer Filterkiesfüllung wie in diesem Beispiel. Denken Sie jedoch daran, den Filter regelmäßig zu reinigen; denn mit dem Regenwasser werden auch allerlei Schmutz und Blätter vom Dach herabgespült. Soll das Regenwasser auch im Haus genutzt werden, wäre ein Filtersammler oder ein anderer selbstreinigender Filter sicher eine bessere Lösung als der preiswerte Filtertopf.

Stellen Sie die Regenwasserklappe so ein, daß das Wasser nicht über den Rand des mit Kies gefüllten Filtertopfes hinaus spritzt

Pumpenschlauch und Stromkabel können mit Schlauchschellen am Entnahmeschacht befestigt und im Regenwasserspeicher verstaut werden

Nachdem die Erde gut festgestampft ist, wird die Tauchdruckpumpe für einen Probelauf durch die Entnahmeöffnung in den Tank hinabgelassen

Der Schlauch läßt sich dann jederzeit leicht herausziehen und zum Rasensprengen an einen Verlängerungsschlauch oder Regner anschließen

Mit einem Kleinbagger, wie er häufig bei Bauma-schinen-Verleihfirmen ausgeliehen werden kann, wird die Grube für den Tank ausgehoben

Am Boden wird ein Planum aus einer 15 Zentime-ter dicken Sandschicht erstellt und mit einer Richtlatte waagerecht abgezogen

Kunststofftank für die Hausversorgung

In unserem zweiten Baubeispiel zeigen wir den Einbau eines Kunststofftanks, der auch für die Regenwassernutzung im Haus benutzt werden kann. Der Erdspeicher besteht aus wiederverwertbarem Polyethylen mit hohem Recyclinganteil. Er ist im Rotations-Sinter-Verfahren in einem Stück hergestellt, fugenlos und benötigt keine Dichtungen. Die Widerstandsfähigkeit des Materials gegen äußere Einflüsse wie zum Beispiel Baumwurzeln ist sehr hoch. Wie die meisten Kunststofftanks ist auch dieser Behälter nicht befahrbar.

Der Hersteller bietet diesen Tank auch als Fäkalientank an, der dort eingesetzt werden kann, wo bisher noch kein Anschluß an die Kanalisation besteht. Wird der Tank später nicht mehr als Abwassersammelgrube benötigt, kann er gereinigt und mit wenig Aufwand zu einem Regenwasserspeicher umgerüstet werden.

Tankgröße und Baugrube

Mit 3 400 Litern Inhalt genügt der Tank für die meisten Regenwassernutzungsanlagen in Haushalten mit drei bis fünf Personen. Es gibt jedoch noch eine weitere Ausführung mit 5 500 Litern Fassungsvermögen. Wo selbst diese Wassermenge nicht ausreicht, können mehrere Tanks zu einer Speicherbatterie verbunden werden.

Mit 2,35 m Länge, 1,6 m Höhe und einem Durchmesser (Breite) von 1,35 m ist für den Transport des Tanks ein LKW erforderlich. Der Einbau des 130 kg schweren Tanks kann jedoch auch mit einigen Helfern in Eigenregie erfolgen. An Stirnseiten integrierte Griffe ermöglichen die Bewegung des Tanks mit vier Personen.

Auch der gleichlange und mit 1,76 m Höhe und 1,94 m Breite etwas größere 5 500-Liter-Tank ist nur wenig schwerer. Mit 220 kg Leergewicht läßt er sich jedoch auch noch ohne Kran installieren.

Für den frostfreien Einbau im Erdreich ist eine Grube von mindestens 2,55 m Tiefe (2,7 m beim 5 500-Liter-Tank) erforderlich. Die Baugrube sollte möglichst einen Meter breiter und länger als der Tank angelegt werden, damit die Bauarbeiter genügend Bewegungsraum um den Tank herum haben. In unserem Beispiel wurde auf Frostsicherheit kein besonderer Wert gelegt und der Tank so eingebaut, daß der Einstiegsdom gerade mit dem Gartenboden abschloß. Es genügte deshalb hier eine 1,8 m tiefe Baugrube

Ein 15 cm dicker Unterbau aus feinem Sand soll für einen festen und waagerechten Stand des Tanks sorgen. Integrierte Standfüße verteilen dabei das Gewicht auf eine große, ebene Fläche.

Tank hinablassen

Das Absenken des Tanks kann wiederum durch gleichmäßiges Abseilen oder, wie hier gezeigt, mit Hilfe einer Leiter erfolgen. Der 130 kg schwere Behälter wird dazu auf eine in Verlängerung der Baugrube liegende Leiter gesetzt und auf ihr schräg bis an das gegenüberliegenden Ende der Grube geschoben. Anschließend muß die Leiter nur noch herausgezogen werden, und der Tank steht in der Grube. Bei dieser Einbautechnik ist jedoch zu beachten, daß das waagerechte Planum nicht zerstört wird.

Wenn die Lage des Tanks kontrolliert ist, kann mit dem Einschwemmen von feinem Sand begonnen werden. Achten Sie darauf, daß sich auch der Raum zwischen den Standfüßen gut mit Sand füllt und verdichtet. Damit der Kunststoffbehälter in dem feuchten Sand nicht aufschwimmt, muß er, wenn das untere Viertel der Tankhöhe verfüllt ist, bis zur Hälfte mit Wasser gefüllt werden. Anschließend kann weiter Sand eingeschwemmt werden.

Revisionsschacht

Für den Anschluß von Regenwasserzulauf, Überlauf und Saugleitung ist der Tank mit einem Einstiegsdom und zwei Stutzen an den

Auf einer Leiter gleitet der 130 Kilogramm schwere Tank in die vorbereitete Baugrube. Anschließend die Leiter vorsichtig herausziehen

Damit der Kunststofftank beim Einschwemmen des Sands nicht aufschwimmt, wird er bis etwa zur Hälfte mit Wasser gefüllt

Hier gut zu erkennen: der Strudelfilter mit Zuleitung in den Einstiegsdom. Der Blindstutzen am anderen Tankende wird hier nicht benötigt

Wenn die Leitungen angeschlossen sind, kann die Grube bis 15 Zentimeter über den Tank mit Sand gefüllt werden. Der Rest wird mit Erde abgedeckt

Dieser leicht konische Kunststoffbehälter läßt sich gut rollen und so auch zu entlegenen Einbauorten auf dem Grundstück transportieren

Der Tank besteht aus einem Behälterunterteil und einem Deckel mit Einstiegsschacht und Anschlüssen für die benötigten Leitungen

Enden versehen. Je nach Einbausituation haben Sie also verschiedene Möglichkeiten für die Leitungsanschlüsse. Ein zusätzlicher Revisionschacht mit einer Schachtabdeckung aus Gußeisen verlängert den Einsteigsdom auf 82 cm Höhe, so daß er bei der üblichen Einbautiefe (Oberkante zirka 80 cm unter dem Erdreich) mit dem Geländeniveau abschließt. Mit zusätzlichen Betonausgleichsringen nach DIN 4034 (8 cm Höhe, 62,5 cm Durchmesser) kann der Revisionsschacht beliebig verlängert werden, um bei auch tieferem Einbau des Tanks mit dem Erdreich abzuschließen.

Filter

Wenn das Regenwasser nur für die Nutzung im Garten gesammelt wird, genügt meist ein einfacher Filterkorb, der direkt in den Tankdom eingesetzt wird. In unserem Beispiel wurde jedoch vor dem Tank ein Strudelfilter eingebaut, der eine bessere Filterleistung verspricht und seltener gereinigt werden muß. Damit läßt sich das Regenwasser für die Toilette und die Waschmaschine nutzen.

Regenwassersammelanlage mit stehendem Tank

Als Alternative zu den meist liegend eingebauten Kunststofftanks gibt es auch Behälter, die stehend eingebaut werden. In diesem Beispiel handelt es sich um einen zweiteiligen Tank, der speziell für die Regenwassersammlung konstruiert ist. Er besteht aus einem stapelbaren Behälter und einem Deckel.

Tank mit Skimmerwirkung

Durch die konische Form des Behälters entsteht ein sogenannter Skimmereffekt: Bei sinkendem Wasserspiegel setzt sich dann der an der Wasseroberfläche schwimmende Schmutz an den Wänden ab. Bei steigendem Wasserspiegel wird dieser Schmutz an den Wänden nach oben gedrückt und schließlich in den Überlauf gespült.

Die Rohre für den Regenwasserzulauf, den Überlauf und die Wasserentnahme werden auf Maß abgelängt und vormontiert

Der Pegelschalter für die Steuerung der Frischwassernachspeisung wird durch den Einstiegsschacht in den Tank herabgelassen

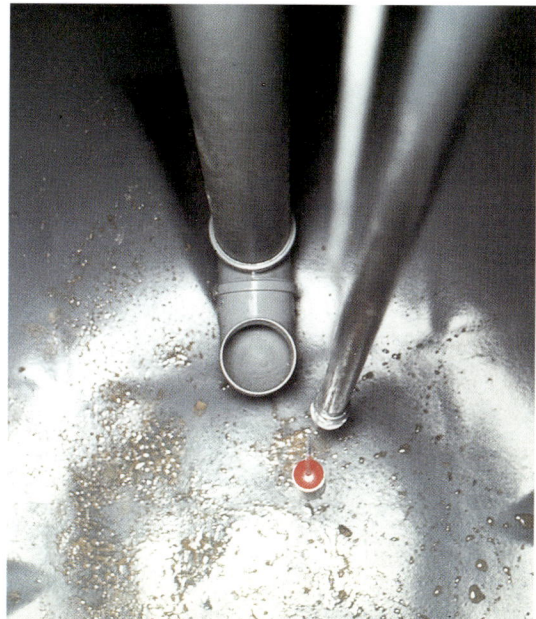

Links der beruhigte Einlauf mit einem Bogen am Tankboden; rechts die Saugleitung für das angeschlossene Hauswasserwerk

Ein Kunststoffdeckel schließt den Tank ab. Bei tieferem Einbau kann jedoch auch ein passender Domschacht aufgesetzt werden

Das Hauswasserwerk sowie die Frischwasser- nachspeisung mit Steuergerät und freiem Auslauf werden an einer Kellerwand montiert

Im Deckel des Tanks sind bereits Anschlüsse in NW 100 vorhanden, so daß die Regenwasserzuleitung und das Überlaufrohr einfach angeschlossen werden können. Selbst Anschlußstücke für die Saugleitung und die Frischwassernachspeisung sind vorhanden. Der Bauherr muß dann nur noch die Leitungen von außen anschrauben.

Hausinstallation

Es ist sinnvoll, wenn die Saugleitung und die Frischwassernachspeisung bis zur Hauswand zu deren Schutz in einem Abwasserrohr verlegt werden. Die Pumpe, in der Regel ein Hauswasserwerk, wird zusammen mit der

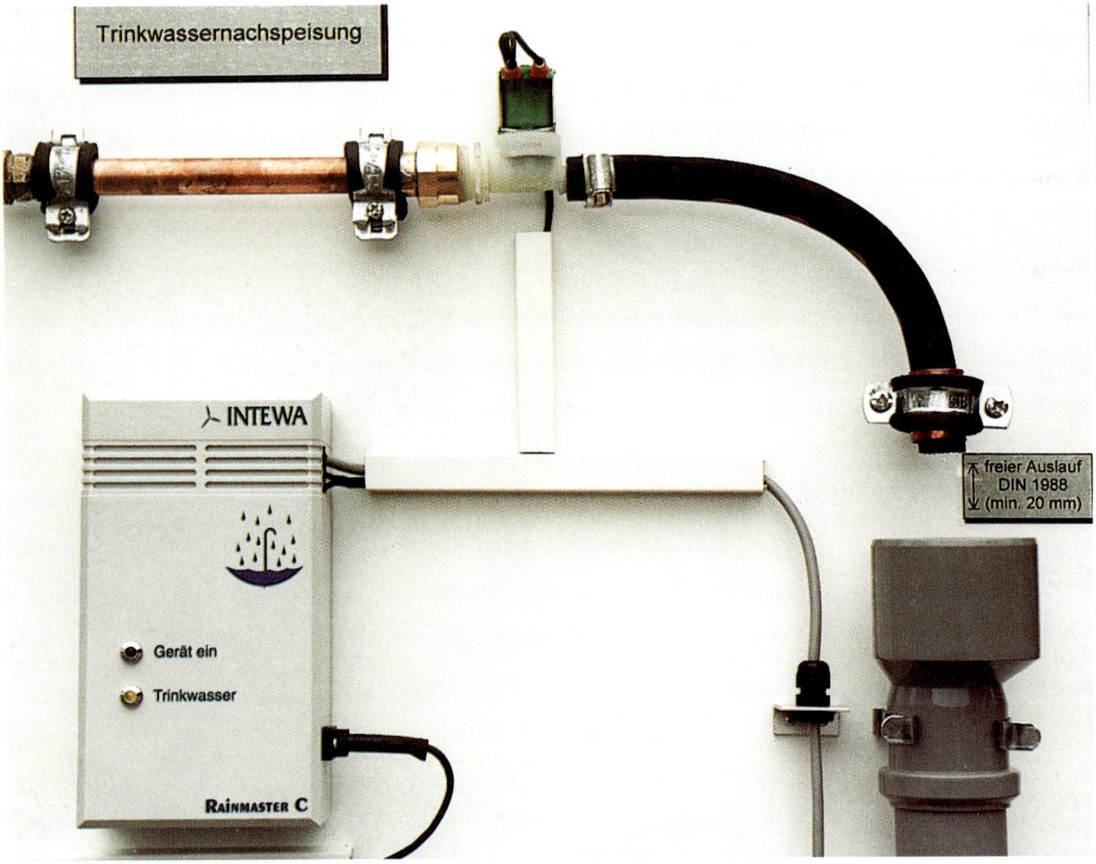

Trinkwassernachspeisung

INTEWA

Gerät ein

Trinkwasser

RAINMASTER C

freier Auslauf
DIN 1988
(min. 20 mm)

Hier die Trinkwassernachspeisung noch einmal an einer Schauwand übersichtlich dargestellt: Wichtig ist der freie Auslauf mit mindestens 2 cm Abstand. Bis auf den Anschluß an die Trinkwasserleitung, der durch einen Sanitärinstallateur zu erfolgen hat, dürfen Sie die Regenwasserinstallation selbst verlegen

Frischwassernachspeisung im Keller montiert. Vom Hauswasserwerk führt eine Leitung mit einem Feinfilter zu den Verbrauchern im Haus (WC, Waschmaschine, Wasserhahn zum Füllen von Putzeimern) und im Garten (Schlauchanschluß). Bauen Sie möglichst ein Ventil zum Entleeren der Leitung ein.

Frischwassernachspeisung

Wenn der Tank bei längerer Trockenheit leer wird, muß Frischwasser nachgespeist werden. Hierzu ist eine Verbindung von der Trinkwasserleitung zum Regenwasserspeicher notwendig. Beachten Sie, daß die Nachspeisung über einen freien Auslauf nach DIN 1988 erfolgen muß, um zu verhindern, daß bei Unterdruck in der Wasserleitung Regenwasser angesaugt wird.

Zur Steuerung des Magnetventils für die automatische Trinkwassernachspeisung kann entweder eine einfache Schaltung mit einem Pegelschalter oder eine Steuereinheit, die mit einer Füllstandsanzeige kombiniert ist, verwendet werden. Der Pegelschalter beziehungsweise die Sensorleitung für die kapazitive Füllstandsmessung werden so weit in den Tank hineingehängt, daß der Einschaltpunkt für die Nachspeisung etwa 10 cm über dem Ende des Saugrohres liegt, damit die Pumpe nicht trocken läuft. Außerdem sollte die Strecke zwischen Ein- und Ausschaltpunkt möglichst kurz sein, um die nachzuspeisende Trinkwassermenge geringzuhalten.

Eigenleistung

Sie dürfen übrigens nicht nur die Montage des Tanks, sondern in der Regel auch den Anschluß des Überlaufs an die Kanalisation (Abwassersatzung beachten!) und die komplette Installation der Regenwasserleitungen in Eigenleistung ausführen und können so, entsprechende handwerkliche Kenntnisse vorausgesetzt, die Kosten für den Installateur weitgehend sparen. Lediglich den Anschluß der Frischwassernachspeisung an die vorhandene Trinkwasserleitung muß ein zugelassener Sanitärfachmann ausführen.

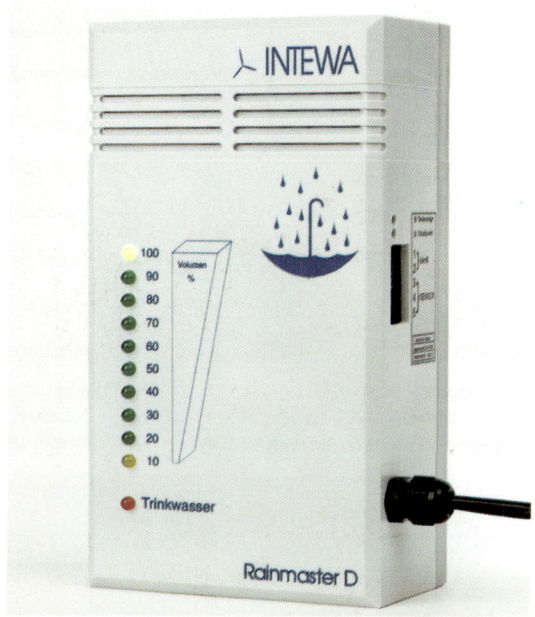

Dieses Steuergerät schaltet nicht nur das Nachspeiseventil, sondern zeigt kontinuierlich den Wasserstand im Regenwasserspeicher an

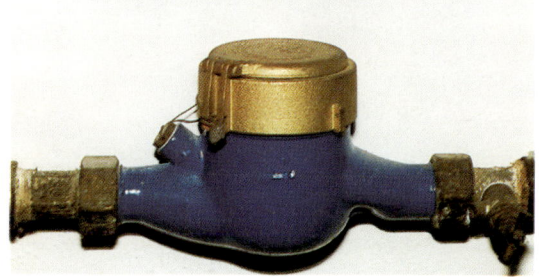

Ein Hinweisschild über der Wasseruhr soll Installateure darauf aufmerksam machen, daß im Haus Regenwasserleitungen verlegt sind

Betonzisternen für die Regenwassernutzung

Betonbehälter

Die Alternative zu den Kunststofftanks sind Zisternen aus Beton (siehe auch Seite 20), die im Erdreich verlegt werden. Betonzisternen können auch in befahrenen Bereichen wie zum Beispiel einer Garageneinfahrt oder einem Hof eingebaut werden.

Eine Zisterne kann man aus einzelnen Betonringen selber zusammensetzen. Standard sind jedoch fertige Beton-Erdtanks, die aus einem gegossenen Betonbehälter sowie einem dazu passenden Oberteil und Schacht bestehen. Da die Betonbehälter je nach Größe zwei Tonnen und mehr wiegen, ist eine Verlegung mit Muskelkraft nicht mehr möglich. Es kommt deshalb nur noch der Einbau der Zisterne mit Hilfe eines Krans in Frage.

Der Liefer-LKW ist mit einem hydraulischen Kran ausgestattet, der den Betonbehälter von der Ladefläche direkt in die Grube setzen kann

Baugrube

Die Vorbereitung der Baugrube entspricht weitgehend den Arbeiten, die für den Einbau von Kunststofftanks erforderlich sind. Der Durchmesser der Baugrube sollte mindestens 1 bis 1,5 m größer sein als der Außendurchmesser des Betonbehälters. Je nach Bodenbeschaffenheit muß der Grubenrand gegen Einsturz gesichert werden. Um ein Planum aus Sand oder Kies zu erstellen, muß die Grube 20 cm tiefer sein als die Einbaumaße des Betonbehälters. Bei wenig tragfähigem Untergrund empfiehlt sich, zusätzlich eine 20 cm dicke Platte aus bewehrtem Stahlbeton zu verlegen. Die Leitungsschächte sollten vor Anlieferung der Zisterne vorbereitet werden.

Zum Verlegen der Betonzisterne mit dem LKW-Kran muß das Fahrzeug dicht an die vorbereitete Baugrube heranfahren können

Verlegung per LKW-Kran

Betonzisternen werden in der Regel vom Hersteller mit LKWs geliefert, die mit einem hydraulischen Kran ausgestattet sind. Wenn der Liefer-LKW dicht genug (maximal 5 Meter) an die Grube heranfahren kann, ist es möglich, die Betonteile mit dem Kran direkt vom LKW in die Grube zu versetzen.

Mit dem LKW-Kran wird der Behälter hier vorsichtig in die Grube hinabgelassen und in die exakte Einbauposition gebracht

Ein Helfer dreht den Betonbehälter beim Absetzen so in Position, daß die Rohranschlüsse in die Richtung des vorbereiteten Schachtes zeigen

Falls die Zufahrtswege zur Baugrube beengt sind, zum Beispiel zum Garten hinter dem Haus, ist ein Kranwagen mit langem Hebearm erforderlich

Anschließend wird Mörtel auf den Rand aufgetragen und der Schachtkonus ebenfalls mit dem LKW-Kran auf das Unterteil aufgesetzt

An drei dicken Ketten schwebt der Betonbehälter in die vorbereitete Baugrube. Von Helfern wird seine Position genau ausgerichtet

Dazu wird der Betonbehälter mit Ketten an den Ladekran gehängt, vom LKW gehoben und in die vorbereitete Baugrube gesetzt.

Beim Versetzen der Zisterne mit dem LKW-Kran kommen auf Sie in der Regel keine weiteren Kosten für die Miete eines Krans hinzu. Während der Arbeiten sollte jedoch ein Helfer zur Verfügung stehen, der mit vorbereitetem Mörtel die Fuge zwischen dem Behälter und dem Schachtkonus auffüllt.

Auf die Fuge an der Oberkante des Behälters wird unmittelbar nach dem Versetzen Mörtel aufgetragen. Anschließend wird je nach Hersteller und Ausführung ein Deckel, eine Filterplatte oder ein Schachtkonus aufgesetzt. Kommt noch ein weiteres Element darauf, muß noch einmal gemörtelt werden. Nach Abschluß der Hebearbeit ist die Mörtelfuge von innen zu prüfen und glattzustreichen.

Wanddurchbrüche mit integrierter Lippendichtung (Nennweite 100) im Behälterteil erlauben den schnellen Anschluß der Zu- und Überlaufleitungen sowie der Hausanschlüsse.

Verlegung mit dem Autokran

In der Regel ist das Versetzen einer Betonzisterne in weniger als einer Stunde erledigt. Etwas aufwendiger wird die Arbeit, wenn keine direkte Zufahrtsmöglichkeit zur Baugrube besteht. Dennoch ist es machbar, eine Betonzisterne auch in einen Garten hinter dem Haus einzubauen, wie das Bild auf Seite 74 oben rechts zeigt. In diesem Fall mußte ein Autokran bestellt werden, der den Betonbehälter am Haus vorbei in den Garten hob. Für die Kranführer ist auch in solchen Fällen millimetergenaues Arbeiten Alltagsgeschäft.

Mit An- und Abfahrt müssen Sie etwa zwei Stunden kalkulieren, die Sie für den Kran bezahlen müssen. Vergleichen Sie Angebote von mehreren örtlichen Anbietern. Am besten ist es, wenn sich der Kranverleiher an Ort und Stelle über die Einbausituation informiert, um das richtige Hebegerät zu schicken.

Hier sind die Transportbefestigungen des tonnenschweren Betonbehälters zu sehen. Die Trageketten werden an Haken im Boden eingehängt

Bevor der Deckel aufgesetzt wird, muß auf den Falz am Rand des Behälters wasserdichter Mörtel aufgetragen werden

Anschließend die Montage des Deckels mit aufgesetztem Schacht. Er wird paßgenau auf das Unterteil der Zisterne gesetzt

Ansicht der eingebauten Zisterne: Am Schacht sind die Anschlüsse für den Regenwasserzulauf (rechts) und den Überlauf (links) zu sehen

In diesem Beispiel muß der Bagger die Baugrube über eine Hecke hinweg ausheben. Ein Helfer gibt dem Baggerführer gegebenenfalls Zeichen

Bei dieser Zisterne sind die Rohre bereits angeschlossen. Nun kann die Baugrube um den Behälter wieder mit Erdreich aufgefüllt werden

Die Baugrube für die Betonzisterne muß zirka 20 cm tiefer sein als das Einbaumaß (Höhe) des Betonbehälters

Die Konstruktion dieser Zisterne unterscheidet sich etwas von der im ersten Beispiel gezeigten. Statt eines Schachtkonus wird hier ein Deckel mit einem kleineren Schacht aufgesetzt. In diesem Fall sind die Anschlüsse für den Wasserzulauf und den Überlauf sowie für die Leitungen zum Haus bereits in den Seitenwänden des Schachts eingebaut.

Verlegung mit dem Bagger

In unserem dritten Einbaubeispiel für eine Betonzisterne zeigen wir, daß sich der Betonbehälter auch mit einem Bagger als Hebegerät versetzen läßt. Der Einbauort lag in diesem Fall hinter dem Haus. Es gab jedoch eine Zufahrtsmöglichkeit für einen Bagger bis zu einer als Grundstücksbegrenzung dienenden Hecke.

Von dieser Position aus konnte der Bagger mit Unterstützung eines Helfers zunächst die Baugrube ausheben und anschließend den Betonbehälter in die Grube setzen.

Baugrube

Der Durchmesser der Baugrube muß ungefähr einen Meter größer sein als der Behälterdurchmesser, um die Verlegearbeiten ausführen zu können. Damit am Boden Raum für ein Planum ist, muß die Grube 20 cm tiefer sein als das Höhenmaß des Betonbehälters samt Schacht beträgt.

Achten Sie beim Ausheben der Grube und beim Arbeiten in der Grube auf die Sicherheit von Mensch und Gerät. Bei losem Erdreich ist die Einsturzgefahr der Grubenwände besonders groß. Bei Zisternengruben, die in der Nähe der Hauswand angelegt werden, ist außerdem zu beachten, daß der Arbeitsraum um die Kellerwände häufig mit Bauschutt aufgefüllt wurde und oft nicht ausreichend verdichtet ist. Dieses Material kann besonders leicht wegrutschen.

Wenn die Baugrube ausgehoben ist, sollten auch gleich der Fallrohranschluß an die Kanali-

Maßnehmen in der Grube: Der Durchmesser der Baugrube muß etwa einen Meter größer sein als der Durchmesser des Betonbehälters

Für den Anschluß des Regenwasserzulaufs und des Überlaufs an die Kanalisation wird das Fallrohr an der Hausecke freigelegt

Der Boden der Baugrube wird etwa 20 cm hoch mit feinem Sand aufgefüllt und anschließend mit einer Richtlatte eingeebnet

Vor dem Setzen der Zisterne wird das angelegte Planum am Boden der Grube auf seine waagerechte Ausrichtung hin kontrolliert

Pünktlich liefert das Betonwerk die Zisterne mit einem LKW an und lädt den Behälter und das Oberteil auf dem benachbarten Parkplatz ab

Von einem Bagger wird der mit Ketten an der Baggerschaufel hängende Betonbehälter über die Hecke gehoben und in die Grube gesetzt

sation freigelegt und gegebenenfalls entsprechende Kanäle zur Zisterne gegraben werden.

In diesem Beispiel wurde der Boden der Baugrube ebenfalls 20 cm hoch mit feinem Sand aufgefüllt und planiert. Eine Richtlatte mit eingebauter Wasserwaage diente dabei zum Abziehen des Sandbodens. Wenn Sie ein solches Werkzeug nicht zur Hand haben, genügt auch eine gerade Holzleiste, auf die zur Kontrolle eine Wasserwaage gelegt wird.

Veranschlagen Sie für das Ausheben der Baugrube und das Anlegen des Planums etwa einen halben Tag Arbeitszeit. Die Anlieferung der Betonzisterne kann mit dem Hersteller genau terminiert werden, so daß keine unnötige Wartezeit nach dem Ausheben der Baugrube eintritt.

Setzen der Betonzisterne

Wegen der ungünstigen Einbauposition wurden der Betonbehälter sowie Deckel und Schachtkonus mit einem Bagger in die Baugrube gesetzt. Die am Behälterboden befestigten Ketten wurden hierzu an einen Haken an der Baggerschaufel gehängt.

Durch diese Art des Transports konnte sich der Bauherr das Entfernen der Hecke sparen, denn der Arm des Baggers war lang genug, um die mehrere Tonnen schwere Zisterne über die Hecke die Grube zu heben. Auch die Abdeckung und der Schachtkonus wurden auf dem gleichen Weg eingesetzt.

Sie sehen an unseren Beispielen, daß sich Betonzisternen trotz des für den Transport erforderlichen Hebegerätes in praktisch allen Einbausituationen ohne großen Aufwand installieren lassen. Am einfachsten und billigsten geht es mit dem Kran des Liefer-LKW. In allen anderen Fällen kommen die Kosten für den Autokran oder den Bagger hinzu.

Leitungsverlegung

Da die Zisterne direkt neben dem Haus gesetzt wurde, waren keine langen Leitungen notwendig. Für den Zulauf vom Fallrohr in den Schacht wurde ein knapp 2 m langes Abwasserrohr verlegt, und auch das Rohr für den Überlauf, das nur wenige Zentimeter tiefer unter dem Fallrohr an den Kanal angeschlossen wurde, mußte nicht länger sein.

Der Filter, in diesem Fall ein Schachtsammler, fand in dem Aufsatz der Zisterne Platz. Mit einem weiteren Rohr, das vom Schachtsammler bis zum Zisternenboden reicht und für einen beruhigten Einlauf mit einem Krümmer versehen ist, erfolgt der Transport des Wasser in den Betonbehälter. Die kompakte Bauweise des Schachtsammlers (siehe S. 27) hilft Platz und Verrohrungsaufwand sparen.

Die Leitung für die Frischwassernachspeisung wurde zusammen mit der Saugleitung durch ein weiteres Abwasserrohr von der Hauswand bis in den Schacht geführt und mit einem oberhalb des Überlaufs gelegenen Zulaufkopf direkt an den Schachtsammler angeschlossen.

Nach dem Verlegen der Rohre wurde der Raum um die Zisterne mit Sand aufgefüllt. Beim Verfüllen der Baugrube ist grundsätzlich darauf zu achten, daß die Zisterne rundum im Sand steht und keine spitzen Steine an den Betonmantel gelangen. Der äußere Bereich der Baugrube kann jedoch bedenkenlos mit dem Aushub aufgefüllt werden.

Hauswasserwerk

Im Keller des Hauses wurde ein Hauswasserwerk mit 20 Liter fassendem Ausdehnungsgefäß aus V2A-Edelstahl und einer selbstansaugenden Jetpumpe eingebaut. Die Pumpe hat ein langlebiges Edelstahlgehäuse und liefert einen maximalen Betriebsdruck von 8 bar. Dies genügt für eine Förderhöhe von 41 m und eine maximale Saughöhe von 8 m.

Der Aufstellungsort für die Pumpenanlage sollte gut belüftet und nicht zu heiß (maximal 40 °C) sein. Außerdem sollte er wegen des Betriebsgeräusches der Pumpe zu den Wohnräumen hin etwas schallgedämmt sein. Vorteilhaft ist es, wenn die Saughöhe möglichst

Ein Helfer gibt dem Baggerführer Zeichen, damit dieser den Betonbehälter exakt in die Grubenmitte bugsieren kann

An vier Ketten schwebt der Betonbehälter in die Grube. Achtung: Während des Ein- und Absetzens darf sich niemand in der Grube aufhalten

Mit einer Leiter steigt ein Helfer in die Zisterne hinab und trägt eine Schicht wasserdichten Mörtels auf den Rand des Betonbehälters auf

Dann wird der Deckel auf den Behälter gesetzt. Die Rohrdurchbrüche sind dabei in Richtung der Leitungen zu positionieren

Nun geht es an die Rohrverlegung. Hier schneidet der Bauherr das Einlaufrohr mit dem angesetzten Rohrbogen auf die erforderliche Länge ab

Zum Schluß kommt der Schachtkonus als obere Abdeckung auf den Deckel. Auch er wird vom Bagger über die Hecke gehoben

Das im Keller installierte Hauswasserwerk. Links unten ist der Wanddurchbruch für die Saugleitung und die Frischwassernachspeisung zu sehen

gering ist. So läßt sich nicht nur Energie sparen, sondern auch die Lebendauer der Pumpe verlängern. Vor allem, wenn die Pumpe unterhalb des Ansaugpegels eingebaut wird, also ein Vordruck besteht, macht sich dies in der Energiebilanz deutlich bemerkbar.

Ausführliche Hinweise zu den einzelnen Montagearbeiten für das Hauswasserwerk finden Sie ab Seite 87.

Hausinstallation

Über einen Feinfilter wird das Wasser zu den Verbrauchern im Haus geleitet. Der Bauherr hatte sich in diesem Fall für Kupferrohre entschieden, die in dem Altbau auf Putz verlegt wurden. Dies sieht in Wohnräumen und auch in der Toilette zwar nicht besonders schön aus, erspart jedoch den zusätzlichen Aufwand für das Anfertigen von Schlitzen oder Vorwandinstallationen.

Die Verlegung auf Putz ermöglicht gleichzeitig die regelmäßige Kontrolle der Rohre, um Korrosionsschäden rechtzeitig zu erkennen. Eine Korrosionsgefahr ist nämlich bei Kupferrohren durch den niedrigen pH-Wert des Regenwassers nie ganz auszuschließen.

Neben einem Wasserhahn im Keller und an der Außenwand des Hauses (für die Gartenbewässerung) wurden das WC und die Waschmaschine mit Regenwasser versorgt.

Neben der vorhandenen Trinkwasserleitung im Keller wird ein Rohr und eine Armatur für die Entnahme von Regenwasser verlegt

Als Filter dient ein Schachtsammler im Zisternenschacht. Außerdem sind die Frischwasserleitung (oben) und die Saugleitung (links) zu sehen

Der Spülkasten dieser Toilette ist mit einem auf Putz verlegten Kupferrohr an die Regenwassernutzungsanlage angeschlossen

Haustechnik für die Regenwassernutzung

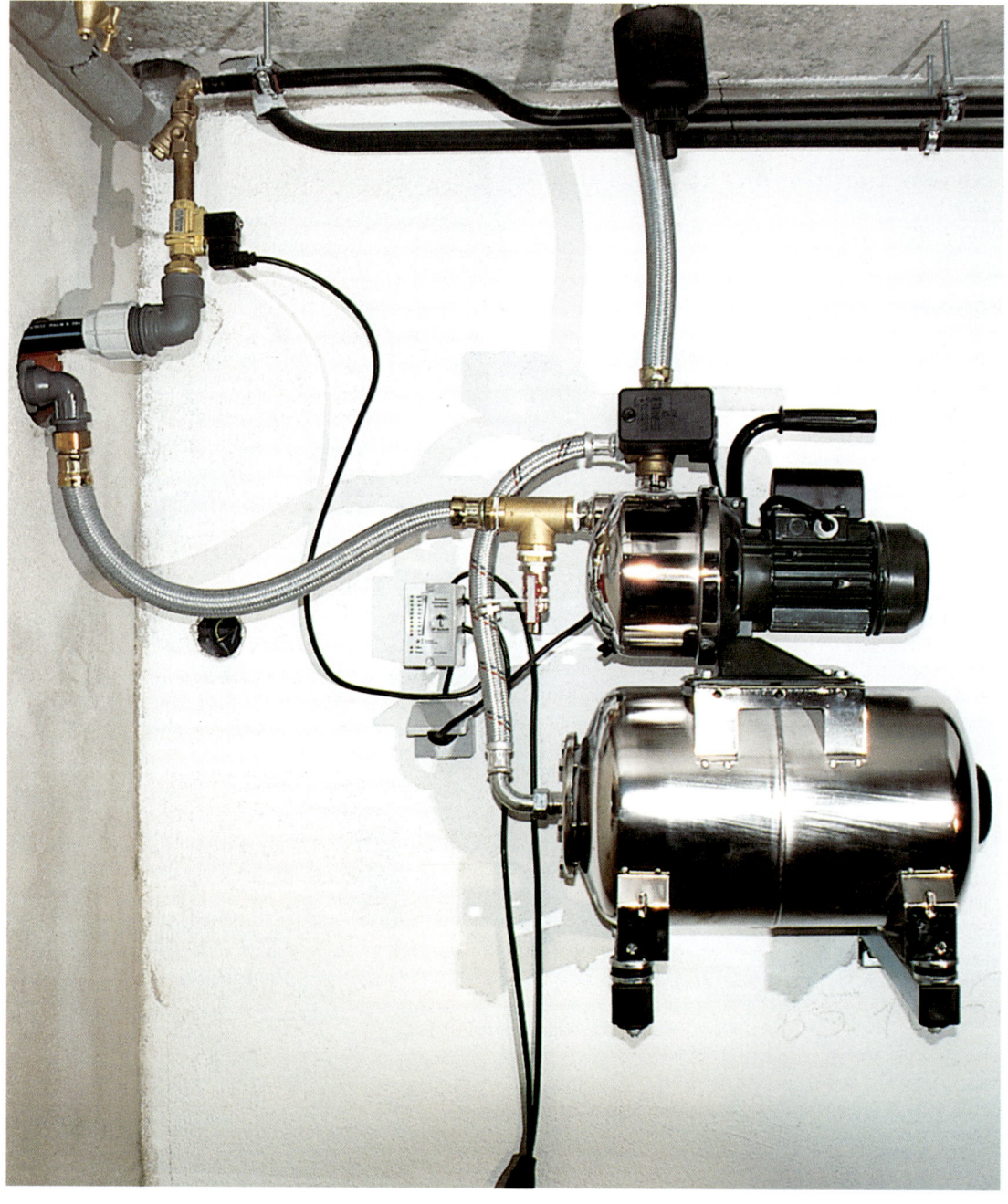

Rohre verlegen

Die Versorgungsleitungen können entweder mit Kupferrohren oder mit modernen Kunststoffleitungssystemen erstellt werden. Zu den jeweiligen Vor- und Nachteilen siehe Seite 39. Korrosionsgefährdete Kupferrohre sollten Sie möglichst auf Putz verlegen. So haben Sie jederzeit eine Kontrollmöglichkeit und können Undichtigkeiten schneller erkennen. Kunststoffrohre sind korrosionsfrei. Sie eignen sich deshalb besser für eine Verlegung unter Putz oder in einer Vorwandinstallation, die sich in Wohn- und Sanitärräumen empfiehlt.

Das Ende des Kupferrohres und auch die Innenseite des Fittings werden mit einem metallfreien Schleifvlies gründlich gereinig und entfettet

Kupferrohre löten

Zum Verbinden von Kupferrohren greift der Fachmann zum Lötbrennen. Es gibt auch Schraubverbindunger für Kupferrohre, die den Verschraubungen für Kunststoffrohre ähneln. Sie sind zwar für den ungeübten Laien leichter zu verarbeiten, jedoch störungsanfälliger.

Wir zeigen hier deshalb, wie Kupferrohre professionell verlötet werden. Üblich ist das sogenannte Weichlöten, bei dem das verwendete Lot bei einer Temperatur von 250 bis 300 °C schmilzt und eine feste Verbindung mit dem Rohr und dem Fitting eingeht. Dieses Verfahren geht schnell und bietet eine genügende Festigkeit für Wasserrohre.

Tragen Sie auf das Rohrende und auch auf die Innenseite des Fittings eine für die Gas- und Wasserinstallation zugelassene Lötpaste auf

Das früher übliche Hartlöten bei einer Arbeitstemperatur von 600 bis 780 °C wird heute für Wasserleitungen kaum mehr angewandt, weil der Arbeitsaufwand wesentlich größer ist. Die Kupferrohre müssen bei diesem Verfahren bis zum Rotglühen erhitzt werden. Dabei besteht die Gefahr einer Strukturveränderung des Materials, so daß es neben den Lötstellen schneller zu Korrosionen und Leitungsbrüchen kommen kann.

Vorteil des Weichlötens ist auch, daß diese Arbeit bereits mit einer einfachen Kartuschenlötlampe ausgeführt werden kann und der Kauf eines aufwendigeren Lötbrenners mit Schlauchanschluß für Gasflasche oder eine Gaskartusche nicht erforderlich ist.

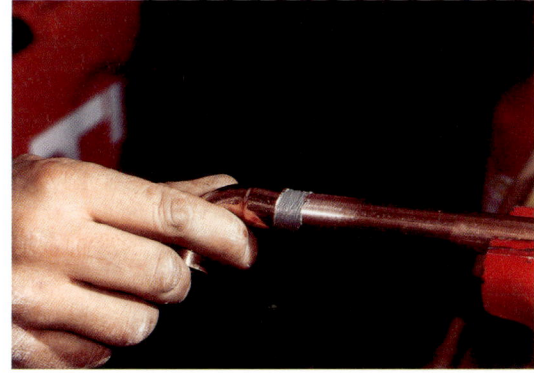

Jetzt wird das Fitting auf das Rohr geschoben. Drehen Sie das Teil vorsichtig und achten Sie darauf, daß die Lötpaste nicht weggeschoben wird

Zum Weichlöten von Kupferrohren genügt ein preiswertes Kartuschenlötgerät. Sie können auch einen Lötbrenner mit Schlauchanschluß einsetzen

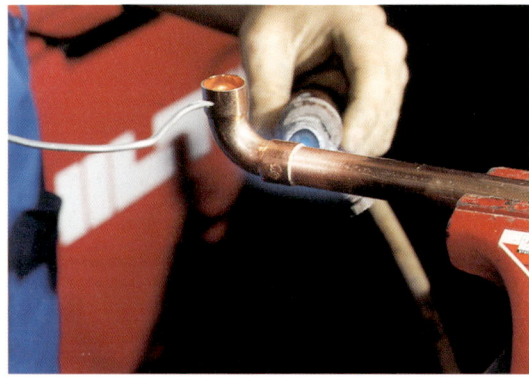

Mit der Flamme des Lötbrenners werden Rohr und Fitting an der Verbindungsstelle gleichmäßig erhitzt. Der Lötdraht wird bereitgehalten

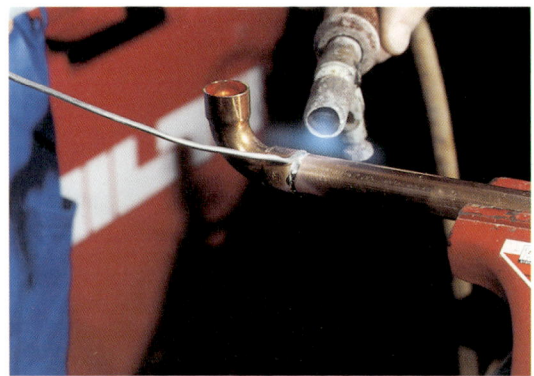

Wenn die Lötpaste zu glänzen beginnt, stippen Sie mit dem Lötdraht auf die Verbindungsstelle und lassen das Lötzinn in den Spalt fließen

Das Verlegen von Kupferrohren erfolgt mit zur Rohrweite passenden Fittings. Das sind gerade, gebogene oder T-förmige Verbindungsstücke aus Kupfer, die zwischen zwei Rohrenden gesteckt und mit ihnen verlötet werden. Achten Sie beim Abschneiden von Kupferrohren darauf, daß der Schnitt rechtwinklig ausgeführt wird. Grundsätzlich können Sie Kupferrohre auch mit einer Stichsäge oder einer Universalsäge und geeignetem Sägeblatt ablängen. Sauberer geht es jedoch mit einem Rohrabschneider für dünnwandige Metallrohre, der meist auch ein Werkzeug zum Entgraten der Schnittstelle enthält.

Bevor Sie das Fitting auf das Rohrende stecken, müssen beide Flächen der Verbindungsstelle mit Schleifpapier oder mit einem Reinigungsvlies gründlich gesäubert werden. Anschließend tragen Sie Lötpaste auf das Rohrende und auch auf die Innenseite des Fittings auf. Dann werden die beiden Teile vorsichtig zusammengeschoben. Achten Sie beim Aufschieben des Fittings darauf, daß die Lötpaste nicht von der Lötstelle weggeschoben wird.

Da Sie beim Löten zwei Hände zum Arbeiten brauchen, sollten Sie die Teile in einem Schraubstock festspannen. Nun können Sie den Lötbrenner zünden. Stellen Sie die Flamme durch Verändern der Gaszufuhr so ein, daß ein deutlich sichtbarer Flammenkegel entsteht. Mit der Flamme werden Rohr und Fitting an der Lötstelle gleichmäßig erhitzt. Gehen Sie dazu mit dem Lötbrenner so dicht heran, daß die Spitze des hellen Innenkegels der Flamme kurz vor dem Rohr aufhört.

Wenn die Temperatur so hoch ist, daß die Lötpaste zu glänzen beginnt, führen Sie den Lötdraht an die Naht zwischen Fitting und Rohr und lassen das Lötzinn gleichmäßig in den Spalt zwischen den Werkstücken fließen.

Ist die Lötstelle abgekühlt, wird sie mit einem Schleifvlies gereinigt. Kontrollieren Sie, ob das Lot gleichmäßig um das Rohr herumgeflossen ist und eine silbrig glänzende Oberfläche hat. Dies ist ein Zeichen dafür, daß die Rohrverbindung auch wirklich dicht ist. Zur Sicherheit sollten Sie die Leitung vor Inbetriebnahme mit hohem Druck abdrücken lassen, um zu erkennen, ob irgendwo Undichtigkeiten vorhanden sind.

Kunststoffrohre verlegen

Für die Verbindung von Kunststoffrohren gibt es eine Reihe unterschiedlicher Systeme (siehe hierzu auch Seite 39). Kunststoffrohre können geschraubt, verschweißt oder gepreßt werden. Die Verbindungstechnik muß zu dem jeweiligen Rohrsystem passen. Verwenden Sie am besten die vom Rohrhersteller empfohlenen Verbindungselemente.

Stellvertretend für die Verlegung von Kunststoffrohren zeigen wir die Montage einer Trinkwasserleitung mit PE-X-Kunststoffrohr, das in einem Schutzrohr verlegt wird. Durch die Rohr-im-Rohr-Verlegung ist die Leitung besser vor Sonneneinstrahlung und mechanischen Beschädigungen geschützt. Außerdem dämmt das Schutzrohr die Fließgeräusche.

Das Schutzrohr soll auch einen späteren Austausch von Leitungsteilen erlauben. Grundsätzlich ist es sogar möglich, das Schutzrohr beim Neubau nur als Leerrohr zu verlegen und die Leitung erst bei Bedarf einzuziehen. Da dies jedoch mit den 16 mm dicken Kunststoffrohren nicht immer problemlos funktioniert, empfielt es sich, gleich einen kompletten Leitungsstrang zu verlegen und nur die Anschlußarbeiten später auszuführen.

Soll nur ein einzelner Verbraucher mit Wasser versorgt werden, genügt ein Rohr mit 16 mm Durchmesser. Sind mehrere Verbraucher zu versorgen, wird in der Regel für die Steigleitung ein 25 mm dickes Kunststoffrohr verlegt, an das die Verbraucher auf den einzelnen Etagen mit 16er Rohren angeschlossen werden.

Kunststoffrohre verschrauben

Die Verbindung der Kunststoffrohre und auch der Anschluß von Armaturen erfolgt bei diesem System mit Klemmverschraubungen aus Messing. Sowohl die Messing-Fittings wie auch die PE-X-Kunststoffrohre haben Prüfzei-

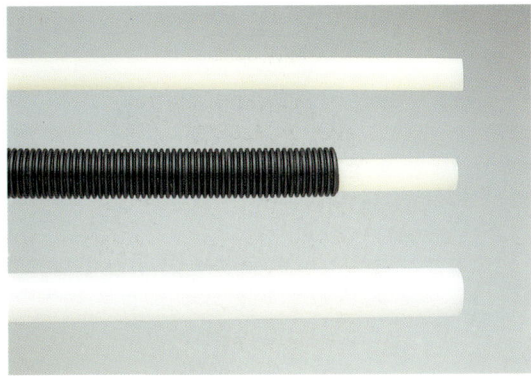

Wasserleitungen aus Kunststoff gibt es mit verschiedenen Durchmessern und als Rohr-im-Rohr-System mit einem Schutzrohr (Mitte)

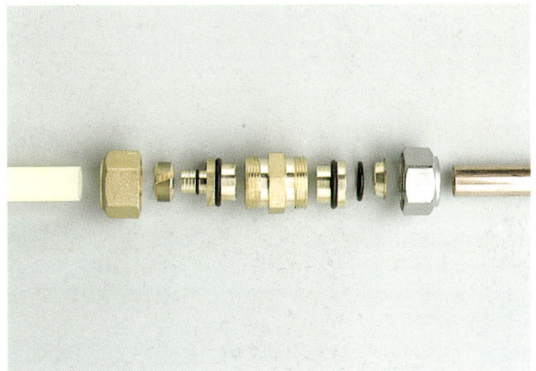

Für den Anschluß der Kunststoffleitung an Kupfer- oder andere Metallrohre werden besondere Kupplungsstücke angeboten

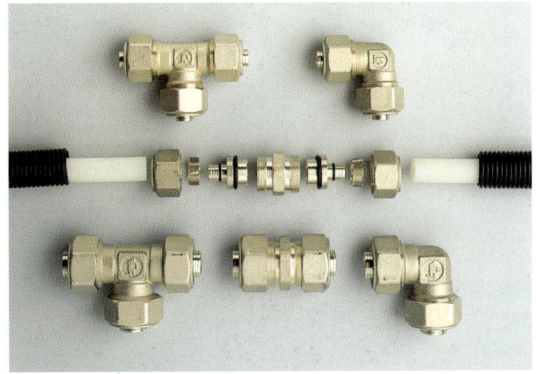

Die Verbindung der Kunststoffrohre erfolgt mit Messingfittings, sogenannten Klemmverschraubungen, von denen es verschiedene Formen gibt

In der Regel werden die Leitungen unter Putz verlegt und die Winkel für die Armaturenanschlüsse in Sanitäranschlußdosen festgeklemmt

Für die Montage in Vorwandinstallationen gibt es einen Montagesatz, der die Sanitäranschlußdose in einem fest einstellbaren Abstand zur Wand hält

Ein Montagering erleichtert den Einbau der Anschlußdose in Leichtbauwänden aus Gipskarton- oder Gipsfaserplatten

chen des DVGW (Deutscher Verein des Gas- und Wasserfaches e. V.) und sind damit auch für die Trinkwasserleitung im Haus geeignet. Bei fachgerechter Montage und Instandhaltung sollen Kunststoffrohre eine Lebensdauer von mindestens 50 Jahren haben.

Eine große Auswahl von verschiedenen Fittings ermöglicht es, allen erforderlichen Montagesituationen gerecht zu werden. Die Rohre sind flexibel, so daß selbst längere Stränge ohne zusätzliche Winkel verlegt werden können. Beim Verlegen ist zu beachten, daß ein Biegeradius von mindestens dem fünffachen Rohrdurchmesser eingehalten wird. Für 16er Rohr heißt dies also 80 mm, für die 25 mm dicken Steigleitungen 125 mm.

Die Herstellung der Rohrverbindung ist denkbar einfach. Als Werkzeug brauchen Sie außer einer Bohrmaschine zum Befestigen von Anschlußdosen und Rohrschellen an der Wand nur eine Kunststoffrohrschere, einen Maulschlüssel (29 und 35 mm), eine Wasserpumpenzange und einen Schraubendreher.

Schneiden Sie das Rohr mit der Schere auf die benötigte Länge ab. Achten Sie dabei auf einen rechtwinkligen Schnitt. Der ist nämlich Voraussetzung für eine dichte Verbindung zwischen Kunststoffrohr und Messing-Fitting.

Die Verbindung erfolgt mit einer Klemmringverschraubung. Hierzu werden eine Überwurfmutter und ein Klemmring auf das Rohr geschoben, anschließend die Rohrenden in warmem Wasser oder mit einem Fön etwas angewärmt und auf die mit einem O-Ring versehene Hülse gesteckt. Zum Schluß wird die Überwurfmutter mit dem Fitting verschraubt. Anschließend werden die Rohre mit schallgedämmten Schellen auf oder in der Wand befestigt. Bei waagerechter Verlegung sollte der Schellenabstand 50 cm, bei senkrechter Verlegung 60 cm betragen.

Für die Armaturenanschlüsse müssen spezielle Anschlußdosen an die Wand gedübelt werden, in die die Anschlußwinkel dann nur noch eingeklemmt werden müssen. Dann können die Armaturen in die normgerechten Gewinde eingeschraubt werden.

Auch für spezielle Einbausituationen wie die Verlegung in Rohrleitungskanälen, Vorwandinstallationen oder Bauplatten bietet der Hersteller besondere Montageelemente an. Dies gilt ebenso für die Herstellung von Verbindungen zwischen Kunststoffrohren und Metallrohren aus Kupfer oder Stahl.

Auch bei der Verlegung von Kunststoffrohren sollte das Leitungsnetz vor Inbetriebnahme abgedrückt werden. Obwohl die DIN 1988, Teil 8 Technische Regeln für Trinkwasser-Installation (TRWI) nicht für die Installation einer Regenwassernutzungsanlage vorgeschrieben ist, sollten Sie sich bei Ihren Arbeiten an diesem Stand der Technik orientieren.

Für den Einbau des Hauswasserwerks werden zwei Konsolen mit Dübeln (10 mm Bohrung) an der Kellerwand befestigt

Hauswasserwerk einbauen

Wählen Sie für die Montage des Hauswasserwerks einen Einbauort, der einerseits möglichst nahe an der Zisterne liegt, andererseits aber so weit von den Wohnräumen entfernt ist, daß das Geräusch der Pumpe nicht stört. In der Regel wird das Hauswasserwerk im Keller eingebaut.

Die Saughöhe der Pumpe sollte möglichst gering gehalten werden kann, was sich positiv auf deren Lebensdauer auswirkt. Möglicherweise kann die Pumpe sogar unterhalb des maximalen Füllstandes der Zisterne eingebaut werden. Dann fließt das Wasser bei voller Zisterne sogar mit einem Vordruck in die Pumpe und hilft so, Energie zu sparen. Nur wenn der Wasserstand unter die Pumpenhöhe abgefallen ist, wird die Saugleistung der Pumpe gefordert. Bei dieser Installationsart sollte in der Saugleitung ein Ventil eingebaut werden, das sowohl zum Entleeren der Leitung als auch – bei nicht selbstansaugenden Pumpen – zum Füllen der Leitung mit Wasser verwendet werden kann. Es ist darauf zu achten, daß die Saugleitung möglichst steigend von der Zisterne zur Pumpe verlegt wird, damit sich keine Luft in ihr ansammelt.

Die Montage der Pumpe und des Ausgleichsbehälters erfolgt auf zwei Konsolen, die an die

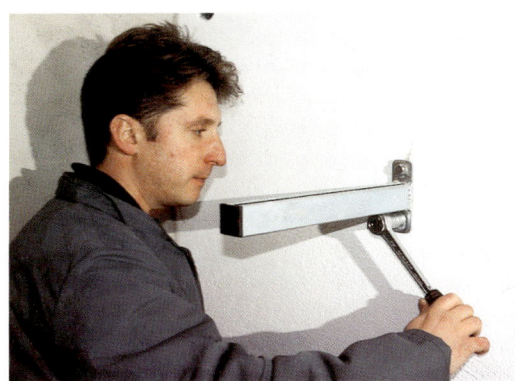

Die Montage der Konsolen erfolgt mit den vom Hersteller mitgelieferten Schrauben. Ziehen Sie die Verschraubung handfest an

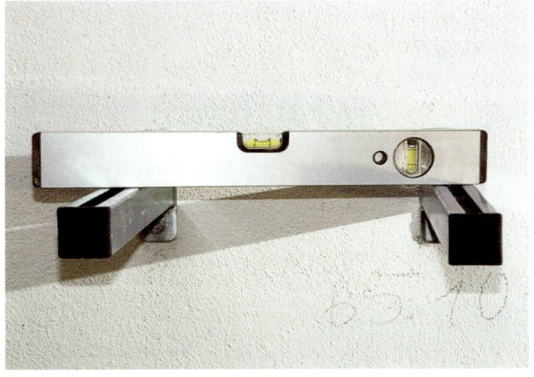

Wichtig ist, daß die Konsolen waagerecht stehen. Deshalb muß der Einbau mit einer Wasserwaage kontrolliert werden

Gummipuffer sollen die Übertragung von Vibrationen und Körperschall auf die Kellerwand und somit auf den gesamten Baukörper verhindern

Das Hauswasserwerk mit Druckbehälter wird hier auf die mit den Puffern versehenen Konsolen aufgesetzt und parallel zur Wand ausgerichtet

Anschließend sind alle vier Befestigungspunkte mit Schloßschrauben und untergelegten Scheiben handfest zu verschrauben

Wand gedübelt werden. Achten Sie dabei auf eine ausreichende Tragfähigkeit der Dübelverbindung, denn zu dem Leergewicht des Hauswasserwerks kommt noch die Füllung des 20 Liter Wasser fassenden Behälters hinzu. Bei Verwendung von Anlagen ohne Ausdehnungsgefäß genügt in den meisten Fällen anstelle der Konsolen auch ein an die Wand geschraubter Metallwinkel.

Wichtig ist eine Dämpfung der Vibrationen, die von der Pumpe ausgehen. Hierzu wird sie mit Puffern aus Kunststoff oder Gummi auf die Trägern geschraubt. So soll verhindert werden, daß die Vibrationen und auch der Körperschall auf die Wand übertragen werden und damit im Haus wahrnehmbar sind.

Die Verbindung des weich gelagerten Hauswasserwerkes mit der Saugleitung und den fest verlegten Versorgungsleitungen zu den Verbrauchern im Haus erfolgt mit druckfesten Panzerschläuchen. Sie lassen sich nicht nur leicht verlegen, viel wichtiger ist noch, daß sie ebenfalls die Übertragung von Vibrationen auf das Rohrleitungsnetz verringern.

In die Leitung vom Druckschalter zur Hausinstallation muß ein Feinfilter eingebaut werden, wenn das Wasser für die Waschmaschine genutzt wird. Für Wartungsarbeiten sollten zwischen Pumpe und Filter ein Absperrhahn und ein Ablaufventil vorhanden sein.

Inbetriebnahme der Anlage

Wenn die Teile der Regennutzungsanlage ordnungsgemäß installiert und geprüft sind, können Sie die Anlage in Betrieb nehmen. Falls die Zisterne noch leer ist, müssen Sie sie jetzt bis einige Zentimeter über das Abschaltniveau der Frischwassernachspeisung füllen.

Bei selbstansaugenden Pumpen wird außerdem das Pumpengehäuse mit Wasser gefüllt. Die Pumpen haben dafür in der Regel eine Einfüllöffnung an der Oberseite. Nichtselbstansaugende Pumpen erfordern etwas mehr Arbeit. Hier muß die Saugleitung ebenfalls vollständig mit Wasser gefüllt werden. Falls Sie dafür keinen Schlauchanschluß in die Lei-

Die Montage des freien Auslaufs erfolgt unmittelbar am Wanddurchbruch, durch den ein Kanalrohr in den Zisternenschacht führt

Für eine bessere Abdichtung sollten die Gewinde an der Pumpe etwas aufgerauht werden. Dafür eignet sich beispielsweise eine kleine Metallsäge

Bei Verwendung eines Zulaufkopfes im Schacht wird im Keller die Verbindung zwischen Magnetventil und Leitung zur Zisterne fest angeschlossen

Anschließend werden die Gewinde an der Pumpe mit Hanf oder mit Teflon-Dichtband umwickelt, damit die Verbindung sicher abgedichtet ist

Die dicke Schlauchleitung wird hier mit einer Überwurfmutter an dem Kunststoffbogen unter dem Magnetventil verschraubt

Ein T-Stück zwischen Saugleitung und Pumpe ermöglicht den Einbau eines Entleerungsventils, auf das nicht verzichtet werden sollte

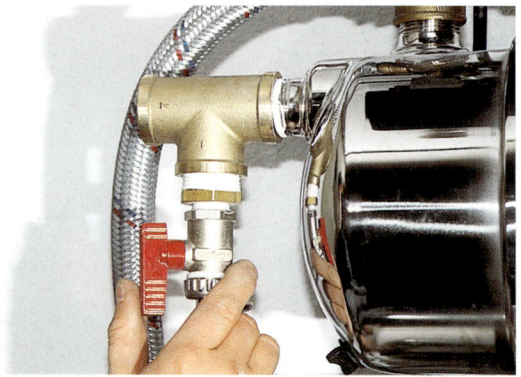

Auch das Ventilgewinde wird aufgerauht und mit Dichtband umwickelt, bevor das Ventil in das T-Stück aus Messing eingeschraubt wird

Die Verbindung zur Saugleitung wird mit einem unterdruckfesten Panzerschlauch hergestellt. Er wird zwischen Pumpe und Saugleitung geschraubt

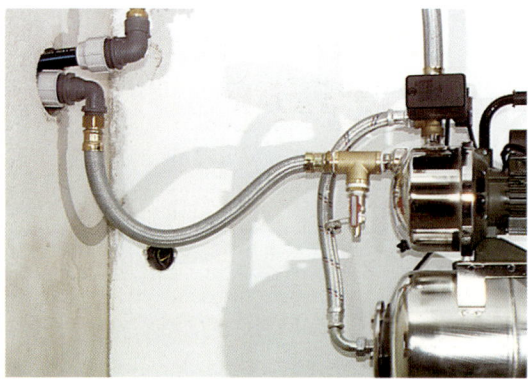

Ein Vorteil des flexiblen Panzerschlauches aus V2A-Stahl ist, daß er schnell und ohne aufwendige Ablängarbeiten verlegt werden kann

tung eingebaut haben, muß die Saugleitung möglichst nahe an der Pumpe abgeschraubt werden. Mit einem Trichter lassen Sie nun langsam Wasser in die Leitung laufen, damit die Luft entweichen kann. Wenn das Wasser am Rohrende austritt, ist das System gefüllt und kann wieder angeschlossen werden.

Jetzt wird die elektrische Verbindung für die Pumpe und die Frischwassernachspeisung hergestellt. Schalten Sie die Pumpe ein. Sie sollte nun Wasser aus der Zisterne ansaugen und allmählich den gewünschten Arbeitsdruck aufbauen. Wenn der eingebaute Druckregler mit einem Manometer versehen ist, können Sie dies sehr gut verfolgen.

Das erste Ansaugen dauert meist etwas länger, da sich meist noch etwas Luft im System befindet. Achten Sie dabei auf ungewöhnliche Geräusche. Brechen Sie gegebenenfalls den Vorgang ab, und füllen Sie die Saugleitung nach einer Prüfung der Anlage erneut. Da sich auch in den Versorgungsleitungen Luft befindet, die komprimiert werden muß, können Sie der Pumpe die Arbeit etwas erleichtern, wenn Sie die Armaturen öffnen und die Luft entweichen lassen, bis Wasser austritt.

Nach einigen Minuten sollte das System gefüllt sein. Sind die Auslaufhähne wieder geschlossen, müßte die Pumpe nach Erreichen des eingestellten Drucks automatisch abschalten. Lassen Sie anschließend so viel Wasser an einer Zapfstelle heraus, daß die Pumpe automatisch wieder anspringt.

Für die Funktionsprüfung der Frischwassernachspeisung pumpen Sie so viel Wasser aus der Zisterne, daß der Wasserspiegel unter das Einschaltniveau des Schalters beziehungsweise des Füllstandsanzeigers absinkt und das Magnetventil öffnet. Ist der obere Schaltpunkt erreicht, muß das Magnetventil wieder schließen. Am besten kontrollieren Sie an der Wasseruhr den für die Frischwassernachspeisung benötigten Wasserverbrauch.

Jetzt sollte Ihre Regenwassernutzungsanlage störungsfrei laufen und Sie mit Regenwasser versorgen. Für einen sicheren Betrieb sind nur wenige Wartungsarbeiten erforderlich.

Wartung

Wie jede technische Anlage muß auch eine Regenwassernutzungsanlage regelmäßig gewartet werden, wenn sie über einen langen Zeitraum störungsfrei laufen soll. Bei den Wartungsarbeiten ist zwischen reinen Inspektionen und Reinigungsarbeiten zu unterscheiden. Außerdem können noch Reparaturen hinzukommen, wenn Sie Schäden bemerken.

Den größten Teil der Arbeiten können Sie vermutlich selber erledigen. Wenn Sie die Anlage in Eigenleistung erstellt haben, wissen Sie ohnehin am besten Bescheid wie das System funktioniert. Wurde die Regenwassernutzungsanlage von einem Fachbetrieb errichtet, sollte neben der Bedienungsanleitung auch ein Wartungsplan vorhanden sein, an dem Sie sich orientieren können. Beachten Sie aber, daß eine längere Gewährleistungsfrist nach VOB (2 Jahre) oder BGB (5 Jahre) von der regelmäßigen Inspektion und Wartung durch den Fachmann abhängig gemacht werden kann. In diesem Fall müßte ein Fachbetrieb mit den Wartungsarbeiten beauftragt werden, wenn Sie die Gewährleistung erhalten wollen.

Sie können jedoch mit den meisten Betrieben absprechen, welche Anlagenteile Sie selber kontrollieren und gegebenenfalls reinigen können, bevor der Fachmann für die Wartungsarbeiten kommt. Denn es ist sicherlich nicht notwendig, die Dachrinne oder den Rückspülfilter vom Handwerker für einen hohen Stundenlohn reinigen zu lassen. Wenn der Fachmann die Regenwassernutzungsanlage bereits in ordnungsgemäßem Zustand vorfindet, gehen seine Kontrollarbeiten schneller von der Hand.

Welche Wartungsarbeiten bei einer Regenwassernutzungsanlage anfallen, können Sie der Checkliste auf Seite 92 entnehmen. Fertigen Sie sich am besten Kopien dieser Seite an, und arbeiten Sie die einzelnen Positionen regelmäßig ab. Die angegebenen Zeiträume sind Durchschnittswerte, die in besonderen Fällen, weil zum Beispiel besonders viel Laub auf Ihr Dach fällt, individuell angepaßt werden sollten.

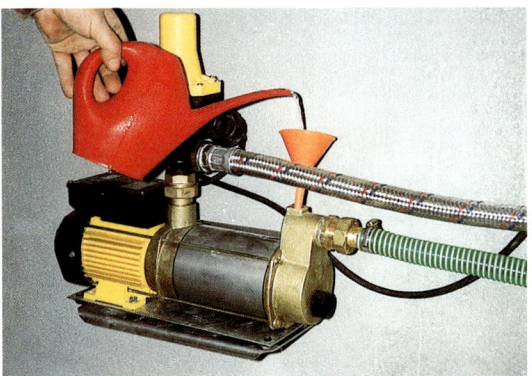

Bei selbstansaugenden Pumpen muß das Pumpeninnere nur bei der ersten Inbetriebnahme mit Wasser aufgefüllt werden

Die Inspektion und Reinigung der Regenrinne gehört zu den regelmäßigen Aufgaben bei der Wartung einer Regenwassernutzungsanlage

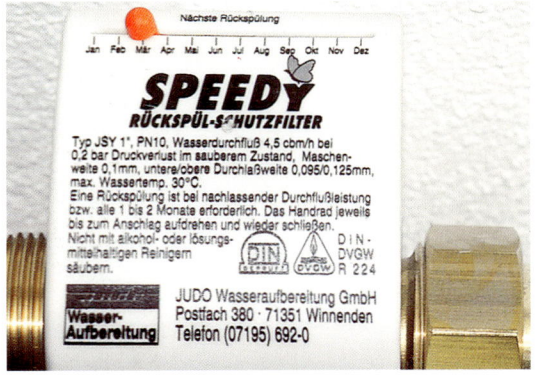

Alle ein bis zwei Monate sollte der Feinfilter durch Rückspülen des Schmutzes gereinigt werden. Ein Markierungsschieber erinnert an die Arbeit

Wartungscheckliste			
Anlagenteil	**auszuführende Arbeiten**	**Turnus**	**Datum**
Regenwasserspeicher	Sauberkeitsprüfung, gegebenenfalls reinigen	3monatlich	
	Dichtigkeits- und Standsicherheitskontrolle	jährlich	
	Reinigung	jährlich	
Regenwasserfilter	Sauberkeits- und Funtionsprüfung, gegebenenfalls reinigen	monatlich	
Pumpenanlage/ Hauswasserwerk	Funktionsprüfung und Dichtigkeitskontrolle	jährlich	
Frischwassernachspeisung	Funktionskontrolle und Sichtprüfung (freier Auslauf)	halbjährlich	
	Funktionsprüfung und Einstellung des Pegelschalters	jährlich	
Feinfilter	prüfen, gegebenenfalls reinigen	monatlich	
Tauchpumpe (für Überlauf)	Funktionskontrolle	3monatlich	
Rückstauverschlüsse	Funktionskontrolle	monatlich	
Dachrinnen, Fallrohre	Prüfung auf Dichtigkeit und Befestigung	jährlich	
	Reinigung	halbjährlich	
Regenwasserzuläufe, Überlauf	auf ungehinderten Ablauf und Verschmutzung prüfen	jährlich	
Saugleitung	auf Dichtigkeit prüfen, Ansaugfilter reinigen	jährlich	
Versorgungsleitungen	auf Dichtigkeit, Korrosion und Befestigung prüfen	jährlich	
angeschlossene Verbraucher	Verschmutzung überprüfen, gegebenenfalls reinigen	jährlich	
	Funktionskontrolle der Armaturen	jährlich	
Sonstiges	Kontrolle der Kennzeichnung der Regenwasserleitungen und Zapfstellen	jährlich	

Bezugsquellen

Planung und Einbau von Regenwassernutzungsanlagen sind Aufgaben, die vor allem von örtlichen Planungsbüros und Sanitärfirmen durchgeführt werden. Es gibt jedoch auch einige Unternehmen, die ihre Dienstleistung und Produkte überregional anbieten. Vor allem, wenn Sie einen hohen Anteil Eigenleistung erbringen wollen, kann es hilfreich und preiswerter sein, auf solche Anbieter zurückzugreifen. Auch diese Firmen können Ihnen ein individuell zugeschnittenes Angebot nur nach einer Ortsbesichtigung erstellen. Am Schreibtisch abgefaßte Standardlösungen können zwar billiger sein, werden jedoch nicht immer den konkreten Problemstellungen gerecht. Ein Vorteil vieler überregional arbeitenden Firmen ist, daß sie auch im Vorfeld der Planung umfangreiches Informationsmaterial kostenlos oder gegen einen geringen Kostenbeitrag zur Verfügung stellen.

In der folgenden Liste haben wir eine Reihe von überwiegend überregional arbeitenden Planern und Anbietern von kompletten Regenwassernutzunganlagen oder von Bauteilen zusammengestellt. Die Abkürzungen stehen für folgende Produkte: KA = Komplettanlagen, K = Kunststofftanks, B = Betonzisternen, F = Filter, P = Pumpen, S = Sonstiges.

3P Technik GmbH, Ernst-Degeler-Str. 23, 89518 Heidenheim, Tel.: (073 21) 94 90 20, Fax: (073 21) 94 90 28, Produkte: B, F, S

Al-Ko Geräte GmbH, Postfach 62, 89359 Kötz, Tel.: (082 21) 97-6 40, Fax: (082 21) 97-3 16, Produkte: K, F, P

Aqua- und Aircenter, Postfach 1501, 64705 Erbach, Tel.: (060 62) 63 22 2, Fax: (060 62) 63 74 1, Produkte: KA, K, B, F, P, S

Ing. G. Beckmann KG, Simoniusstr. 10, 88239 Wangen im Allgäu, Tel.: (075 22) 60 65, Fax: (075 22) 22 15, Produkte: KA, K, F, P, S

Conrad Electronic, Klaus-Conrad-Str. 1, 92240 Hirschau, Tel.: (01 80) 5 31 21 11, Fax: (01 80) 5 31 21 10, Produkte: KA, K

Otto Graf GmbH, Carl-Zeiss-Str. 2–6, 79331 Teningen, Tel.: (076 41) 5 89-0, Fax: (076 41) 5 89 50, Produkte: KA, K, F, P, S

H + W, Haus- u. Wassertechnik, Grabenstr. 86, 73333 Gingen/Fils, Tel.: (071 62) 4 47 71, Fax: (071 62) 4 47 22, Produkte: KA, K, B, F, P, S

Herrmann Wärmesysteme, GmbH & Co. KG, Im Heiligen Feld 17, 58239 Schwerte, Tel.: (023 04) 47 90, Fax: (023 04) 4 79-1 88, Produkte: F, P

Herwi Solar GmbH, Die Ideenfabrik, Industriegebiet II, 63911 Klingenberg/Main, Tel.: (093 72) 15 54, Fax: (093 72) 16 95, Produkte: KA, K, F, P, S

Intewa – Ingenieur, Regenwassernutzung, Jülicher Str. 336, 52070 Aachen, Tel.: (02 41) 18 22-1 33, Fax: (02 41) 18 22-1 00, Produkte: KA, K, B, F, P, S

Mall Beton GmbH, Hüfinger Straße 39–45, 78166 Donaueschingen, Tel.: (077 1) 80 05-0, Fax: (077 1) 80 05-1 00, Produkte: B, F

Marley Werke GmbH, Postfach 1140, 31513 Wunstorf, Tel.: (050 31) 53-0, Fax: (050 31) 53-1 70, Produkte: S

Natur & Technik, Wulfsdorfer Weg 33, 22949 Ammersbek, Tel.: (040) 6 05 00 29, Fax: (040) 6 05 25 38, Produkte: KA, K, B, F, P, S

Stefan Nau GmbH & Co., 72132 Dettenhausen, Tel.: (071 57) 5 62-0, Fax: (071 57) 6 10 00, Produkte: KA, K, F, P, S

Rhebau Rheinische Beton- u. Bauindustrie GmbH & Co., Düsseldorfer Str. 118, 41541 Dormagen, Tel.: (021 33) 77 03-0, Fax: (021 33) 77 03 77, Produkte: B, F

Paradigma, Ritter Energie- & Umwelttechnik GmbH und Co. KG, Ettlinger Str. 30, 76307 Karlsbad, Tel.: (072 02) 92 20, Fax: (072 02) 9 22-1 00, Produkte: KA, K, B, F, P, S

RM Rotex GmbH, Postfach 30, 74361 Güglingen, Tel.: (071 35) 10 30, Fax: (071 35) 1 03-20, Produkte: KA, K, F

Ufe Solar Uckermark GmbH, Alfred-Nobel-Str. 1, 16225 Eberswalde, Tel.: (03 33 34) 86 80, Fax: (03 33 34) 5 62, Produkte: KA, K, B, F, P, S

Wagner & Co. GmbH Solartechnik Regenwassernutzung, Ringstr. 14, 35091 Cölbe/Marburg, Tel.: (064 21) 80 07-0, Fax: (064 21) 80 07-22, Produkte: KA, K, B, F, P, S

Wilo GmbH, Nortkirchstr. 100, 44263 Dortmund-Hörde, Tel.: (02 31) 41 02 0, Fax: (02 31) 41 02 363, Produkte: KA, K, F, P

Wisy, Brachttalstr. 18, 63699 Kefenrod, Tel.: (060 54) 15 27/15 60, Fax: (060 54) 65 56, Produkte: F, P, S

Stichwortregister

Bildquellenverzeichnis

Die Abbildungen in diesem Buch wurden von folgenden Firmen zur Verfügung gestellt (li. = links, m. = Mitte, o. = oben, re. = rechts, u. = unten):

3P Technik GmbH, Heidenheim, S. 22 m., 25, 27 o., 37 u., 40 u., 50

Al-Ko Geräte GmbH, Kötz, S. 1, 5, 10 m., 56 bis 65

ASP GmbH & Co. KG, St.-Leon-Rot, S. 20 u.

Bauknecht Hausgeräte, Stuttgart, S. 11 u.

Bebeg, Badische Eisen- und Blechwaren-fabrik GmbH, Sinsheim, S. 91 m.

Ing. G. Beckmann KG, Wangen im Allgäu, S. 19 o., 20 m.

Robert Bosch Hausgeräte GmbH, München, S. 10 o.

Gerhard Deltau, Haiger-Weidelbach, S. 16 o., 16 m., 21 o., 41, 42 o., 42 m., 71 u., 91 o.

Elektra Beckum AG, Meppen, S. 33 o.

FAG-Fot S-Rebscher Flughafen Frankfurt, Frankfurt, S. 27 u.

Gardena Kress + Kastner GmbH, Ulm, S. 10 u., 32 o.

Otto Graf GmbH, Teningen, S. 22 o., 26 o., m., 39

H + W, Haus- und Wassertechnik, Gingen, S. 6, 16 u., 32 u., 38, 42 u., 72, 75 re. bis 83, 87 bis 90

Intewa – Ingenieur Regenwassernutzung, Aachen, S. 68 m. bis 71 o.

Kagema GmbH, PhotoLib, Lottstetten, S. 7 u.

Mall Beton GmbH, Donaueschingen, S. 21 m.

Marley Werke GmbH, Wunstorf, S. 18, 85, 86

Stefan Nau GmbH & Co., Dettenhausen, S. 1, 21 u. und 28 o.

Rhebau Rheinische Beton- u. Bauindustrie GmbH, Dormagen, S. 73, 74 li.

Rewatec GmbH, Hamburg, S. 66 bis 68 o.

Rothenberger Werkzeuge-Maschinen GmbH, Kelkheim, S. 84 o.

Club Scorpius International, Nizza, S. 7 m., 51

Wagner & Co. GmbH, Solartechnik Regen-wassernutzung, Cölbe/Marburg, S. 4, 9 o., 12, 14, 15, 17, 20 o., 22 u., 24 o., 27 m., 32 m., 33 u., 40 o., 43, 45, 46

Wilo GmbH, Dortmund-Hörde, S. 19 u.

Wisy, Kefenrod, S. 23, 24 u., 37 o.

Die übrigen Fotos und Zeichungen stammen vom Autor.

Im FALKEN Verlag sind zahlreiche Titel zum Thema „Do it yourself" erschienen.
Bitte fragen Sie in Ihrer Buchhandlung.

Dieses Buch wurde auf chlorfrei gebleichtem und säurefreiem Papier gedruckt.

ISBN 3 8068 1666 2

©1997 by Falken-Verlag GmbH, 65527 Niedernhausen/Ts.
Die Verwertung der Texte und Bilder, auch auszugsweise, ist ohne Zustimmung des Verlags
urheberrechtswidrig und strafbar. Dies gilt auch für Vervielfältigungen, Übersetzungen, Mikro-
verfilmung und für die Verarbeitung mit elektronischen Systemen.

Umschlaggestaltung: Andreas Jacobsen
Redaktion: Konrad Haase
Lektorat: Ernst Wilhelm, Ostritz
Titelbild: Marley-Werke

Die Ratschläge in diesem Buch sind vom Autor und vom Verlag sorgfältig erwogen und geprüft,
dennoch kann eine Garantie nicht übernommen werden. Eine Haftung des Autors bzw. des Verlags und seiner Beauftragten für Personen-, Sach- und Vermögensschäden ist ausgeschlossen.

Satz und Umbruch: Heinz-Alfred Losch, Stuttgart
Druck: Ernst Uhl, Radolfzell

817 2635 4453